医者が教える

日本人に効く食事術

溝口徹
新宿溝口クリニック院長

SB Creative

はじめに

私が分子整合栄養医学とも呼ばれる栄養療法、**オーソモレキュラー療法**に携わって、もう20年になります。この20年、私は一貫して体内の栄養バランスの乱れが多くの病気や不調の原因であるという考えのもと、栄養の大切さを伝えてきました。

当初は、**栄養で病気や体の不調が治せる**と言っても、聞く耳を持たれないこともありました。栄養のことを語るのは、医師の仕事ではないと思われたことも、一度や二度ではありません。

しかし、今や医師が食事のとり方を語ることはまったく珍しくなくなりました。それどころか、今ほど医師が教える正しい「食事術」が注目される時代はありません。その証拠に、さまざまなメディアを通じて、日々、いろいろな情報が取り上げられています。

そこでは科学的なエビデンスのある、素晴らしい健康法が紹介されることも多々あります。しかしそれが**欧米のエビデンスデータに基づく場合、これがそのまま100%、日本人に当てはまるとは限りません。**なぜなら、そもそも**日本人と欧米人では、体格も違えば、遺伝子も異なる**からです。日本人の遺伝子変異の約半分は、日本人に固有の変化である可能性もわかっています。そこで本書は、「日本人の体質」に合った、食事のとり方や健康法をお伝えする本にすることにしました。

たとえば欧米人に比べて日本人は、やせ型の人が多いと思われています。

ところが、**内臓脂肪をつくりやすい遺伝子変異を持っているのはむしろ日本人**で、日本人は欧米人より太りやすい体質であることがわかっています。

ではそんな日本人は、どんな食事に気をつければいいのか。

私は「カロリー」だけに注目するのではなく、「糖質」のとり方（これは私が今までずっと訴えてきたことでもありますが）が、とても重要になってくると考えています。

このように本書では**「欧米人とは異なる日本人の体質」**をベースとした**「日本人ならで**

はの食事術」を紹介していきます。また、これと同時に**日本人の食生活の傾向**や、**日本人ならではの生活習慣に合った食事術**についても紹介していこうと思います。

たとえば日本人特有の、「残業が多い」「コンビニが24時間あいている（すぐ食べ物を買える）」「エナジードリンクがはやっている」などといった生活習慣を鑑みて、食事をどう整えていくべきかについても触れていきたいと思います。

私たちの体は、細胞一つひとつに至るまで、自分が食べたものでできています。

これは体だけでなく、精神（心）にも同じことが言えます。つまり**食べるものを変えることで、私たちはいくらでも心と体の調子を整えることができる**のです。

食べ物を変えれば、体が元気になる、仕事のパフォーマンスが上がる、やる気が出る、アンチエイジングになるなど、さまざまなメリットが出てきます。

本書でそうした好循環を生むヒントを、1つでも見つけていただけたら幸いです。

2018年9月

溝口　徹

CONTENTS

第1章 日本人がやせる食事はこれだ

第2章 食事で集中力とパフォーマンスを上げる

第3章 10歳若返るアンチエイジングの食事術

第4章 日本人の「心」に効く食事

第5章 健康で長生きするための日本人の食事術

第1章

日本人がやせる食事はこれだ

日本人は「肥満遺伝子」を持っている！

「日本人は世界的に見ても、最も太りやすい人種」。こうお話しすると、誰もが驚きます。

欧米人に比べて日本人はやせ型が多くても、遺伝子的には実は太りやすいのです。

アメリカのアリゾナ州に住む**ピマインディアン**という民族をご存じでしょうか。**ピマインディアンの成人のうち9割は高度な肥満で、5割は2型糖尿病**と言われています。実は**このピマインディアンに近い遺伝子を持っているのが日本人**です。

ピマインディアンと日本人が共通して持っているのが**「肥満遺伝子（別名 倹約遺伝子）」**と呼ばれる遺伝子です。この遺伝子は食べ物が十分になかった氷河期の時代、手に入れた貴重な「糖質」を、次の飢餓に備えてしっかり脂肪として蓄えておくという特徴を持っています。ですから飢餓の時代を生き抜くにはとても役に立ちました。しかし氷河期が終わり、食料が十分にある時代になると、またたく間に肥満の原因となってしまいました。

基礎代謝が1日200㎉減ると？

200㎉×365日＝73000㎉

体脂肪1kgを燃焼するのに
必要なカロリーは7000㎉

73000㎉÷7000㎉＝10.4kg

➡ 1年間で10kg太る！

この肥満遺伝子の1つに「β3アドレナリン受容体遺伝子」というものがあります。この受容体はアドレナリンの刺激によって脂肪を燃焼させることで、肥満を防ぐ働きがあるのですが、**この遺伝子に変異があると、基礎代謝が200キロカロリー／(日)も減る**ことがわかっています。

「1日に200キロカロリーなら大したことはない」と思うかもしれませんが、それはとんでもない誤解です。単純計算すると、同じ食事をしていても、**1年間で約10キロも太る**ことになるからです。そして**この遺伝子変異を持っているのは、なんと日本人の3人に1人**と聞くと、他人事ではありません。

この遺伝子に異常があると、つきやすいのが**内臓脂肪**です。お腹をつまんだとき、ぷよぷよとつまむことができるのが皮下脂肪、パンと張っているのが内臓脂肪ですが、内臓脂肪が増えると、脂肪細胞から炎症を起こす引き金になるアディポサイトカインという物質が分泌され、それが肝臓につながる血管である門脈からダイレクトに肝臓に流れます。これが脂肪肝をつくるとともに、血糖値を下げるホルモンであるインスリンの効き目を悪くする作用があることから、**糖尿病や高血圧などの生活習慣病につながりやすくなります。**やせ型の日本人女性でも、下腹だけがポッコリ出ている幼児体型の人は、内臓脂肪がついている可能性が高いので、注意が必要です。

最近、健診で腹囲を測るようになりました（メタボ健診）。これもこの怖い内臓脂肪の蓄積を測っているものです。皮下脂肪のほうが肥満の原因になるイメージがありますが、実は皮下脂肪は（増えればもちろん体重が増えたり、体形が崩れたりはありますが）、病気を引き起こすことはありません。つまり**皮下脂肪そのものは、体に悪さをしない**のです。

ここではまず、**日本人は太りやすく、内臓脂肪をつくりやすい遺伝子変異を持っている人が多い**ということを、理解してください。

「食事」は「マイナスの遺伝子」にも勝つ

このように私たち日本人は、遺伝子レベルで糖質を溜め込みやすく、少しの糖質も、脂肪として溜め込む太りやすい体質を持っています。

「遺伝」とは、一言で言えば父親と母親から受け継いだ情報のことですが、これは残念ながら遺伝子の変異というマイナスの情報もそのまま引き継いでしまうことでもあります。

では、「遺伝子的に太りやすい」というマイナスの情報を引き継いでしまったら、日本人は肥満にならざるを得ないのかと言えば、必ずしもそうとは言えません。

一例を挙げれば、先ほどお話しした、日本人と遺伝子が近いピマインディアン。彼らは、同じ民族でも生活習慣の違いによって体型が変わることがわかっています。

アメリカに住むピマインディアンはたしかに9割が肥満なのですが、メキシコに住むピマインディアンは遺伝的な素因は同じでありながら、やせ体型をキープしています。これ

肥満を決めるもの

遺伝子だけがすべてを決めるわけではない

は、アメリカに住むピマインディアンが「高カロリー」「高脂肪」「高糖質」な食生活を送っているのに対し、メキシコに住むピマインディアンは「激しい労働」を営み、食生活もアメリカのそれとは異なる、昔ながらの生活を送っているためだと言われています。

つまり遺伝子レベルで太りやすい、肥満になりやすいという体質を持っていても、食べ物や生活習慣という環境要因でこれはカバーできるということです。

ですからそもそも肥満遺伝子を持ち、太りやすい体質を持つ日本人も、食生活を中心とした生活習慣に気をつければ、肥満を防ぐことは十分に可能だということです。

ライザップでやせるのは「運動」ではなく「食事」

ダイエットには「食事」と「運動」が大事と一般的に言われます。
しかし結論から言いましょう。

日本人は運動ではやせません。

もちろん筋肉量を増やせば、多少は「太りにくくやせやすく」はなります。しかし**日本人は運動だけでやせられるという、過度な期待は持たないほうがいい**でしょう。

体力づくりで運動するのはもちろんいいことです。**しかし、たとえばマラソンで長い距離を走っても、日本人はそれほどやせる人種ではありません。**

人間の筋肉は大きく分けると、素早い運動をするときに働く**「速筋」**と、持久的な運動をするときに働く**「遅筋」**があります。
速筋はミトコンドリアやミオグロビンが少なく白いため、別名「白筋」と呼ばれ、遅筋は酸素を運ぶミトコンドリアやミオグロビンというたんぱく質が多く赤いため「赤筋」と呼ばれています。そして**日本人には速筋が少なく、遅筋が多いことがわかっています。**
日本人は**ジョギング**や**マラソン**などの有酸素運動を好み、これがダイエットにつながると考える人が多くいます。しかし実際は逆で、日本人がこうした運動によって持久力を出す目的を持つ遅筋を鍛えてしまうと、**体がより省エネモードになりやせにくい体をつくってしまうのです。**
脂肪酸を燃やし熱に変えるＵＣＰ（脱共役たんぱく質）というものがあるのですが、ジョギングなどの有酸素運動はこのＵＣＰの活性を下げ、体を省エネモードにしてしまいます。このことからジョギングやマラソンばかりやっていると、それでなくとも遅筋が多い日本人の体はどんどん省エネモードになり、やせにくい体になってしまうのです。
ですから日本人は**やせたいならマラソンやジョギングをしてはいけません。**
もちろん、有酸素運動ものすごい量を行えばやせますが、それは単純にカロリーを消費したというだけです。日本人は有酸素運動をコツコツと続ければ続けるほど遅筋がつき、よりやせにくい体をつくってしまうということは、覚えておくといいと思います。

このように有酸素運動で遅筋を鍛えてもダイエット効果は乏しく、日本人が鍛えるべきは、トレーニングをしても増えにくい「速筋」になります。しかし先述したとおり、日本人にはこの速筋が少ないことがわかっています。

ですから今はやっている〝結果にコミットする〟**ライザップ**でやせる理由のほとんども、**運動による効果よりも、計算された厳しい糖質制限の食事と、トレーナーによる励ましが大きい**と言えるでしょう。


ただ、そうは言っても、一般的には「筋肉量がアップすれば基礎代謝が上がり、エネルギーが消費されてやせる」と言われていますから、**「筋トレで速筋を増やしてやせたい」**という方は少なくないと思います。その場合、大切になるのは、「褐色脂肪細胞」を働かせることになるでしょう。

脂肪細胞には**褐色脂肪細胞**と**白色脂肪細胞**の2種類があります。

褐色脂肪細胞は、文字通り「赤い」細胞、鉄分を多く含んだミトコンドリアが多く存在している細胞です。褐色脂肪細胞の特徴は、熱をつくり出すことで、「褐色脂肪細胞を活性化させるとやせやすい」と言われるのはこのためです。

しかし残念なことに、**日本人はこの褐色脂肪細胞も少なく、白色脂肪細胞が多い**という体質を持っています。ですから日本人が筋肉量を増やしても、基礎代謝が効率よく上がることはありません（欧米人はこの逆で、白色脂肪細胞から遊離した脂肪を褐色脂肪細胞に取り込んで燃やし、熱に変えることができます）。しかも日本人は、筋トレで褐色脂肪細胞を刺激することはできても、その数を増やすこともできません。

しかし唯一、日本人にできることがあります。

それはもともと少ない褐色脂肪細胞をフルに働かせることです。そのためには**ミトコンドリア**を活性化させることが必要です。なぜなら**ミトコンドリアが活性化すれば、熱が産生され、褐色脂肪細胞が働きやすくなり、やせやすくなる**からです。

ミトコンドリアの活性化に必要なのが、**鉄分（ヘム鉄）**と、**ビタミンB群**などの栄養素です。ですから鉄不足で冷え性の女性はやせにくいと言えます。

では次からは、以上の体質を持つ日本人が、どのような食事をとればやせやすいのか、それを具体的にお伝えしていきたいと思います。

日本人がやせる食事術

脂肪を燃やしたければ「アジ」「サバ」「イワシ」

年齢とともについてくる**「脂肪」**。

いったいどうすれば脂肪を燃やせるのでしょうか。

脂肪を燃やすには、**熱産生**が必要です。

この熱産生にかかわっているのが前述した脱共役たんぱく質といわれるUCPです。

そしてこのUCPを発現させることがわかっているのが**DHA（ドコサヘキサエン酸）**や**EPA（エイコサペンタエン酸）**などといった**魚の油**です。

DHAやEPAは、日本人が好む「青魚」に多く含まれている成分で、オメガ3系脂肪酸としてよく知られています。

ただしマグロなどの大型魚は寿命が長い分だけ、水銀などの重金属を体内に蓄積しているという問題がありますので、ダイエットを目的に、日本人が日常的に食べるなら、比較的寿命が短い**アジ**、**サバ**、**イワシ**、**サンマ**、**ブリ**などがオススメです。**脂肪を燃やしやすくするためにとるのが脂質というのは、意外でおもしろいですね。**

ちなみに**「青魚がどうしても嫌いで食べられない。でもUCPを増やしたい」**という方は、**寒冷による刺激**を試すといいかもしれません。

たとえばなるべく**薄着**でいたり、足湯ならぬ**足水**で体を冷やしてみてください。

これは体を冷やすことで熱産生をうながすという、逆転の発想です。

ただ、もともと冷え性の女性の場合は、つらいでしょうし、かえって体調を崩してしまうかもしれません。その場合は、夏の暑い日に冷たいシャワーで足元を冷やす程度にとどめておくのがいいでしょう。

日本人がやせる食事術

やせたければ昆布（天日干し）で出汁《だし》をとる

もう1つ熱産生をうながす食材に**「昆布」**があります。

意外に思われるかもしれませんが、熱産生をうながす成分はフコキサンチン。フコキサンチンとは、海藻などに含まれるカロテノイドの一種で、昆布をはじめ**わかめ**、**ひじき**などにも含まれます。近年ではフコキサンチンの抗肥満作用が注目され、ダイエットサプリなども出ているようです。

フコキサンチンは、DHAやEPAと同じく、熱産生をうながすUCPの発現を促進し、脂肪の燃焼もうながすことが実験で明らかになっています。そして、ダイエット以外にも**糖尿病の抑制をする作用があることが明らかになりました。**

ですからダイエットを目指すなら、**昆布で出汁をとった味噌汁などはフコキサンチンを余すことなくとれるので最高です。**

ただし、昆布を選ぶときには注意が必要です。昆布を買うときは、ぜひ**天日干し**のものにしてください。フコキサンチンの含有量が圧倒的に違うからです。

その他、同様の効果があるものに**唐辛子**や**鷹の爪**があります。

唐辛子や鷹の爪をかけると、その辛さから食べている最中に汗が出ることがありますよね。この「辛さ」こそが、唐辛子に含まれるカプサイシンの働きで、これぞまさに、体内で熱が生み出されている証拠です。

辛みを感じているとき、体の新陳代謝は活発になり、熱産生が起こり、エネルギーを消費することで脂肪の分解を促進します。これが肥満予防につながります。

カプサイシンを含む食材は、薬味として使われることが多く、一度に大量にとることは難しいので、これは自分に合った量を香辛料として取り入れるといいでしょう。

日本人がやせる食事術

朝のスムージーに「フルーツ」を入れてはいけない

「美容のために毎日フルーツをとるようにしています」。

「毎朝のスムージーは欠かせません」。

とくに女性はこういう方が多いだろうと思います。

フルーツはビタミンやミネラルが豊富でヘルシーなイメージがあります。お菓子を食べるよりはフルーツの方がマシ、と思っている人も多いのではないでしょうか。しかし結論から言いましょう。

フルーツは、とても太りやすい食材です。

日本人に糖負荷試験をしたところ、**バナナ**や**デコポン**などのフルーツを食べた後、血糖値が急上昇し、太りやすくなることがわかっています。

これはどういうことかというと、先述したように**肥満遺伝子を持っている私たち日本人**

は、フルーツを食べると、すぐさま脂肪合成スイッチが「オン」になるということです。

フルーツには、「果糖」「ブドウ糖」「ショ糖」という3種類の糖が含まれています。

このうち最も多く含まれている「果糖」は、摂取しても血糖値を上げません。「フルーツを食べても太らない」と言われるのはこのためですが、実はそんなことはありません。

果糖は摂取するとすぐ肝臓に吸収され、中性脂肪に変換されます。加えてブドウ糖やショ糖は血糖値を上げるので、フルーツを食べるとダブルで脂肪を溜め込んでしまうのです。

海外のフルーツと比べると、日本のフルーツはとても糖度が高いので、その意味でも日本のフルーツは、食べれば食べるほど血糖値が跳ね上がり太ってしまいます。

毎朝のスムージーで太ってしまったという人は、ただでさえ太りやすいフルーツを液状にしていることで、より吸収を早め、血糖値を急上昇させてしまっています。

とはいえ、フルーツはビタミンやミネラルを含んでいるので、絶対に食べてはいけないものではありません。そこで私が患者さんに指導する際によく言うのは、**「グレープフルーツより甘いフルーツは食べないで」**ということです。どうしても甘いフルーツを食べたいときは、夜寝る前ではなく、朝食後に少量食べるようにするのがいいでしょう。

日本人がやせる食事術

「人工甘味料」ではやせられない

日本のスーパーやコンビニでは、**「砂糖ゼロ」「カロリーゼロ」**などを謳っているのに、しっかり甘みがあるスイーツや清涼飲料水が多く売られています。でもお伝えしましょう。

人工甘味料では、「甘いものを食べたい」という欲求は満たされません。

得られるのは「甘みを感じた」という事実だけ。なぜなら人工甘味料は血糖値を上げないので、砂糖が入った食品を食べたときの「真の満足感」が得られないからです。

甘いものが食べたい、でも人工甘味料で血糖値が上がらない、という状態が続くと、人間がどうなるかといえば、**中途半端に満たされない気持ちのまま、「甘いものの過食」につながる可能性が高まります。**それでもさらに人工甘味料に頼っていると、いつまでたっても甘いものへの依存が断ち切れない状態が続きます。

そこで人工甘味料が止められなくなるくらいなら、私は**少量の砂糖をとってまずは脳を満足させ、それから少しずつ甘いものを減らしていくのがベター**だと考えています。

人工甘味料については、こんな実験もあります。

マウスに人工甘味料を与えると、見事にどのマウスも太り、太ったマウスを調べると、腸内環境が乱れていたそうです。そこでこのマウスの腸内細菌を別の無菌マウスに移してみたところ、なんと無菌マウスも太ったというのです。

その他、海外の研究によると、**人工甘味料の摂取と体重減少に関連性はない**という報告があるどころか、むしろ人工甘味料の摂取が**体重増加やメタボ、2型糖尿病、心臓疾患など健康上の問題と関連性がある**という研究結果や、**人工甘味料が入った清涼飲料水ばかり飲んでいる人はみんな腸内環境が悪かった**という報告もあります。

人工甘味料をとると、腸内細菌のバランスが乱れることから、体重増加につながるのではと私も考えており、スーパーにあふれる人工甘味料が入ったものについては口にしないことをおすすめします。

日本人がやせる食事術

日本人は「ヨーグルト」より「漬物」でやせる

腸内細菌の話をしましたが、**やせ体質をつくるポイントは、ズバリ「腸」**にあります。

では腸内環境が整うと、ダイエットにつながるのはいったいなぜでしょうか。

腸内細菌には**「善玉菌」**と**「悪玉菌」**と**「日和見菌」**の3種類があることを知っている人は多いと思います。その割合は、「2：1：7」。**圧倒的に日和見菌が多くあります。**日和見菌はその名の通り「どっちつかず」の菌で、腸内環境によって善玉にも悪玉にもなりえます。そして腸内では、善玉菌と悪玉菌が陣地の取り合いをしています。

もしも腸内環境が悪化して日和見菌が悪玉菌に転がり、悪玉菌が増えれば、腸粘膜が荒れLPS（リポポリサッカライド）という物質が入って、肝臓や筋肉、脂肪細胞に炎症が起こります。脂肪細胞は炎症を起こすと肥大化し、肝臓は脂肪肝になって**メタボの引き金**になってしまいます。つまり、**肥満まっしぐら**になるのです。

さらに悪玉菌が増えると、腸粘膜の細胞と細胞の接着剤の役目を果たしている「タイトジャンクション」が緩みます。すると**食欲抑制ホルモンの分泌が低下し、「もっと食べたい、もっと食べたい！」という状態になり、食べても食べても満腹感が得にくくなります。**同時に、インクレチンというホルモン分泌も低下し、インスリンの分泌を悪くすることから、血糖値が上がり太りやすくなるという**三重苦、四重苦**となってしまいます。

「善玉菌をたくさんとって腸内環境をよくすればやせる！」

日本ではよくこう言われるので、毎日、ヨーグルトをとる人がたくさんいます。

スーパーでも、乳酸菌やビフィズス菌などの善玉菌が豊富な**「プロバイオティクスヨーグルト」**がトクホとして売られています。しかし残念ながら、これについては日本人が摂取しても、あまり効果がありません。なぜなら**日本人はもともと乳たんぱくに弱く、乳製品を消化する酵素を持っていない**からです。

では日本人が腸内環境改善に食べるなら何がいいかと言うと、断然おすすめなのが**漬物**です。**野沢菜**や京漬物の代表である**すぐき**、自家製の**ぬか漬け**には、日本人にぴったりの乳酸菌が豊富に含まれています。**日本人が腸内環境をよくしてやせるには、日常食としての漬物が最高なのです。**

日本人がやせる食事術

甘酒は「飲む美容液」。でも太る！

乳酸菌ついでにお話ししますが、ヨーグルトも漬物も**「発酵食品」**です。**でも日本人ならヨーグルトより断然、漬物。**

日本人には日本人に合った発酵食品から、乳酸菌をはじめとした善玉菌をとるのがいいのです。

少し前に**「甘酒」**がブームになりました。

腸内環境を整え、美容と健康への効果が高いと言われ、「飲む美容液」「飲む点滴」などとも言われました。しかし**ダイエットの面から言うと、甘酒はNGです。**甘酒も元をたどれば「米」。さらには発酵によってブドウ糖までつくられた糖質の塊です。ですから甘酒はとればとるほど血糖値が上がり、とればとるほど太ります。

ちなみに**キムチ**も代表的な発酵食品で、多くの善玉菌を含みます。ですから、ダイエットにはおすすめです。ただし日本でつくられるキムチは、かなり糖分が入っており、乳酸菌を含まない無発酵のキムチ風漬物も多いので、ぜひ注意してください。

腸内環境と、生まれ育った環境は密接に関わっています。

やはり発酵食品は生まれ育った国や土地のものを食べるのがベストです。

腸内環境をよくしてやせるためには、乳酸菌をはじめとした善玉菌を多く含む発酵食品がおすすめですが、発酵食品ならなんでもいいというわけではないということも、覚えておきましょう。

日本人がやせる食事術

魚は「内臓ごと食べる」とやせる

腸内に悪玉菌が増えると、腸粘膜の細胞と細胞の接着剤の役目を果たしているタイトジャンクションが緩むことは、すでに説明した通りです。タイトジャンクションが緩むと、「LPS」や「悪玉菌」など炎症の原因物質が体内に入り、**肥満**につながります。

健康な腸の粘膜はタイトジャンクションがしっかりと引き締まっているので、悪いものが腸内に入るのを防いでいます。腸粘膜を整え、細胞間の接着を強固にして引き締めるのに重要な栄養素が**ビタミンD**で、これは**魚の内臓に豊富に含まれています。**

でも**「魚の内臓なんて、食べられない！」**という人も少なくないかもしれません。

そんな人におすすめなのが**小魚**です。小魚なら内臓もしっかり食べられます。たとえば**ししゃも**や**しらす**、**めざし**はいかがでしょう。おつまみとして食べるなら、**たたみいわし**にもビタミンDが豊富に含まれています。

日本人がやせる食事術

「グルテンフリーダイエット」は日本人にも効く！

グルテンフリーダイエットとは、食生活の中から「グルテン」を除去することです。

グルテンとは、小麦などの穀物に含まれるたんぱく質の一種です。パンやケーキなどをふわふわ膨らませたり、モチモチ感を出しているのも、このグルテンです。

パンや**パスタ**、**うどん**、**ラーメン**などの主食類、**ケーキ**や**クッキー**、**パンケーキ**や**ドーナツ**などのスイーツ、**お好み焼き**、**ギョウザの皮**、**シリアル**から**カレーのルー**などなど、グルテン、つまり小麦を含む食材をざっと挙げるとこの通り。いかに私たちが日頃からグルテンを摂取しているかがわかるでしょう。

「グルテンフリーをするとダイエットになる」ということが、以前、ハリウッド女優たちの間で大流行し、グルテンは一気に知名度が上がりました。欧米のスーパーマーケットではグルテンフリーのコーナーが当たり前のようにあり、グルテンフリーのスイーツも豊富にあります。今や国際線の機内食もグルテンフリーが常識です。

小麦を多くとる欧米人がグルテンフリーをするとやせるのは、実は「グルテンフリー＝低糖質」になることが理由の1つと考えられます。日本人と違い、主食のほとんどがパン、パスタ、ピザなど小麦をベースとしたグルテン食材（これらはグルテンと同時に糖質も多い）である欧米人は、**グルテンフリーを実践することがそのまま糖質制限となり、ダイエットに成功**するのです。

肥満大国のアメリカでは、グルテンフリーダイエットをする人が右肩上がりに増えています。**ファットフリー（脂肪フリー）**や**シュガーフリー**ではあまり効果がなかった人にも、**グルテンフリーは確実にダイエット効果があった**からです。

一方、日本人の場合、グルテンフリーを行ったとしても、主食である糖質の多い「お米」を食べることから、ダイエットはうまくいかないのでは？と思われていました。ところが、**日本人も同様に、小麦製品を抜く、つまりグルテンフリーダイエットだけで、や**

せる人が多くいることがわかりました。つまり、糖質量とは別に小麦そのものも、私たち日本人を太らせていたのではないかということがわかったのです。

たとえば小麦に含まれるグルテンが、腸粘膜を荒らしたり、腸そのものに炎症を起こすと、粘膜の目が粗くなり、ＬＰＳや悪玉菌が腸内に入ります。すると、腸粘膜に炎症が生じタイトジャンクションが緩んだ状態をつくって、太りやすい体質になる可能性があるのです。**ですから私は、日本人もダイエットをするなら、小麦を2週間抜いてみることを患者さんたちに提案しています。**

小麦を抜くときは徹底して抜くことが大切です。たとえばグルテンを含む食品には、**しょうゆ**、**味噌**、**ビール**、**麦茶**なども含まれます。食事を小麦製品に頼っている人ほど、かなり厳しいものにはなりますが、完全除去して初めて、体調の変化がわかります。

小麦を抜くと、ダイエット効果だけでなく**「アレルギーが治った」「頭痛や肩こりが治った」「疲れやだるさが取れた」「集中力が出るようになった」**という人もいます。

２週間たったら、あとは体調と相談しながら、「昼だけ抜いてみる」「週末だけ抜いてみる」など工夫しながら食生活を改善しつつ、ダイエット効果を検証してみてください。

日本人がやせる食事術

「牛乳」「ヨーグルト」「チーズ」をやめるとやせる

グルテンと合わせて抜いてみてほしいのがカゼインです。

カゼインとは、乳に含まれるたんぱく質で、これがグルテン同様、日本人の体に悪さをしていることがわかっています。**日本人はカゼインフリーを行うことで、腸内環境が整ってやせるだけでなく、これも小麦同様、アレルギーが改善したなど、体調がよくなったという症例が多くあります。**

腸内環境を整えるためにヨーグルトを毎日欠かさず食べている人も多いと思います。

でもヨーグルトには、カゼインが含まれています。

ということは、腸内環境をよくしようとして、かえって腸の粘膜を荒らし、ダイエットに失敗してしまっている可能性があるということです。

カゼインフリーを行うには、まずは**牛乳、ヨーグルト、チーズ、生クリーム**などを除去します。乳製品をやめるというと、よく、「バターも乳製品ですよね？」と聞かれますが、実は**バターにカゼインはほとんど含まれていない**ので、バターについてはよしとします。

グルテンフリーを試すなら、合わせてカゼインフリーも試してください。**グルテンとカゼインを2週間、徹底的に抜くと、本当に体調が変わることを実感します。**何より腸の調子が抜群によくなります。

私の患者さんの中には、**2週間、徹底してこの2つを抜いてみたら、お腹がペッタンコになってやせすぎて困った**という人もいました。

グルテンとカゼインを2週間やめると、腸の浮腫がなくなり、お腹の膨満感がなくなります。それと同時に内臓脂肪がきれいに落ちてデトックスになる。つまり、**最強のダイエット**になるのです。

小麦製品や乳製品を食べた後にお腹が張る感じがある、「おなら」が出るという人は、ぜひ試してみてください。

日本人がやせる食事術

「ネバネバ食材」でいい「便」を出す

ダイエットには〝**腸の粘膜をいい状態に保つことが大事**〟と言われても、私たちは腸の粘膜を自分の目で直接見ることはできません。でも1つだけ方法があります。

「便」を見ることです。

腸の粘膜がいい状態かどうかは、便の状態を見ればすぐにわかります。
みなさんは、排便後に自分の出したものを見ているでしょうか?
もし見ていないという方は、ぜひ今日から、**便を見る習慣をつけてください。**
便は実に多くの情報をくれます。
いい便であるかどうかの見極めポイントは次の3つです。

色

いい色（黄土色）で、テカリがある便がいい便です。いい便が出るということは、腸の粘膜がいい状態であるということです。便の黄土色の元であり、テカリの元でもあるのは胆汁で、胆汁を多く含む便がいい便です。この胆汁の主成分である胆汁酸はコレステロールを含んでいます。つまりいい便はコレステロールを適切に排泄しているというわけです。コレステロールは本来、便から自然に排泄されるべきものです。したがって胆汁酸の排出量を増やすことが大切になります。その役目を果たしているのが食物繊維です。

形

便に未消化のものが入っていないか、食べ物によって便の状態が左右されないかを見てください。**何を食べてもいつも同じ便が出ること**が理想です。たとえば**お肉を食べるとお腹が張るとか、下痢や便秘をするのは、消化能力が落ちているサインです。**患者さんの中には肉が苦手な人が多く、「肉を食べるとお腹が張って、ガスが臭いので控えています」という人がいます。でもお腹が張るから食べないのではなく、肉（たんぱく質）をたくさん食べてもへっちゃらな腸（いつもと同じ便が出る腸）に変えていくことが大事です。あるいは脂っこいものを食べると胃がもたれる人は、脂肪の吸収がうまくできていない証拠です。脂肪の吸収には先述した胆汁酸が必要で、食物繊維が重要です。たんぱく質を食べてお腹が張る人はたんぱく質の代謝が悪く、油を食べてお腹が張る人は脂質の代謝が悪いということになります。いずれの場合も、まずは腸を丈夫にする必要があります。「腸が丈夫であること＝やせやすい」につながります。

臭い

赤ちゃんのうんちが臭くないのは乳酸菌が多いからです。一方、**大人の便が臭いのは腸内環境が悪化して悪玉菌が多かったり、たんぱく質が未消化なまま排泄され、異常発酵しているからです。**

腸内環境を整えるのに有効な食材は、いわゆる納豆やオクラなどの「ネバネバ食材」です。納豆は食物繊維が豊富な上に、発酵食品でもあります。ですから**「オクラ納豆」**などは最高です。その他、**モロヘイヤ**、**海藻類**、**きのこ類**、**キクラゲ**、**野沢菜**なども、食物繊維を豊富に含んでいます。ぜひ食事に取り入れてみてください。

日本人がやせる食事術

やせたければ「インスタ映えするお酒」禁止

最近、若い人の間では、ビールを飲む人が減っているということです。

「とりあえずビール」と注文するのはおじさんばかり。飲みに行くと男女問わず、最初の1杯は色がカラフルで、味もジュースのように甘い**「サワー」**や**「カクテル」**を注文する人が多いようです。

カラフルでかわいい飲み物には、たしかに飲みやすいものが多くあります。ですが、こうした**〝インスタ映え〟するアルコールは、ダイエットが目標なら今すぐやめるようにしてください。**その第一の理由は、これらのほとんどが、糖質が多いからです。

そういった意味では、ビールも糖質が多いので、「おやじ系」の飲み物が好きな人も、安心はできません。

とはいえ適量の飲酒は、食欲増進、ストレスの軽減、血行を促進するなど、健康にいいと言われることもあります。

糖質が多いお酒を避けるという意味では、ビールや日本酒はNGですが、ウイスキーや焼酎などの蒸留酒なら大丈夫、と言われる場合もあります。私も、患者さんに対して蒸留酒ならOKとしている時期もありました。

でも、あえて言わせてください。仕事終わりの1杯や、毎週末のアルコールが楽しみな人には残念なお知らせですが、**ダイエットという意味では、日本人にはどんなアルコールもおすすめできません。**

アルコールを飲むと、肝臓に貯蔵されているグリコーゲンの再合成を妨げ、血糖値が下がりすぎてしまうとともに、膵臓《すいぞう》を休ませるために必要なカルシウムや亜鉛などのミネラルを尿中に排泄してしまいます。

またアルコールはただでさえカロリーが高いものが多いのですが、加えて先の**腸のタイトジャンクションを緩めてしまうため、太りやすくなるのです。**

よく**お酒をたくさん飲んだ翌日に下痢をする**人がいますが、これも、アルコールが腸に悪影響を与えている証拠です。
「私はお酒に強いから大丈夫」と言う人がいますが、お酒が腸に与える悪影響は、お酒が強いかどうかは関係ありません。

日本人の遺伝情報を調べたところ、お酒に弱い体質の人が増えるように、数千年かけて進化してきたことが、最近の**理化学研究所などの分析**でわかりました。

詳しい原因は明らかになっていませんが、欧米人とは体内のアルコール分解酵素が違い、日本人は圧倒的にアルコールの分解酵素の働きが弱いタイプが多いのです。

日本人はアルコールに弱いタイプが増えることで、環境に適応してきたと考えれば、やはり**日本人はダイエットのためにも健康のためにも、過度にアルコールを摂取するべきではない**でしょう。

第2章

食事で集中力とパフォーマンスを上げる

なぜ日本人はストレスまみれなのか？

仕事では集中力を高め、パフォーマンスを上げたい。

誰もがそう思います。しかし日本人は今、ストレスにまみれています。自殺者も依然、年間2万人以上の水準にあり、特に男性は女性の2・3倍、命を落としている状況です。

そこでまずここでは、仕事でパフォーマンスを上げるためにも、日本人がどのような状況に置かれ、そもそもどのような「気質」を持っているのかについて、遺伝子レベルで知ることから始めたいと思います。

報酬や満足感、快感を得たときに分泌される脳内神経伝達物質に**「ドーパミン」**があります。このドーパミンのレセプター（受容体）の1つに**DRD4**というものがありますが、これが短いか長いかは人種によって異なることがわかっています。

ドーパミンは今までにない刺激が脳に入るなど、新しい物事に触れると放出され、人間に快感を与えます。そして脳は一度快感を覚えるとさらなる快感を得たいがために、新しい物事を追い求めるようになります（これを**「新奇探索性」**といいます）。

欧米人（白人型）は、ＤＲＤ４が長いのでこの「新奇探索性」が高く、新しい物事に出合っても、ストレスを感じません。むしろ**「新しいことが大好き」**で、ずっと同じことの繰り返しでは満足できないタイプです（そして余談ですが、ＤＲＤ４は「浮気遺伝子」とも言われていて、ＤＲＤ４が長いタイプの人は、男女を問わず「浮気をした経験がある」「浮気をした人数が多い」「一夜限りの性経験がある割合が高い」と言われています）。

日本人（日本人型）はこのＤＲＤ４が短いことから「新奇探索性」が低く、新しい物事にストレスを感じやすい人種であると言えます。つまり**日本人は「新しいものが苦手」で、1つのことを繰り返しコツコツやることで満足感を得やすいタイプなわけです。**そして注目すべきは日本人の86・7％がこのタイプという事実です。

戦後の高度経済成長期の日本が、世界中が目を見張るほどの成長を遂げたのは、この性質のおかげかもしれません。みんなで同じ時間に出社をして同じ制服を着て、一斉にラジオ体操をして同じように働き、力を発揮する。これは日本人がとても得意とすることです。あるいはラグビーでも話題になった**「ルーティン」**。一流のスポーツ選手や著名人と言われる人は、ルーティンを持つ人が多くいますが、このルーティン、つまり〝いつもと同じ〟〝変わらない〟ことを行うことで力を発揮しやすいのも、日本人の特徴でしょう。

そういう意味では、現代のように仕事で「個」を重視され、裁量労働制やフレックスタイム、在宅ワークなど働き方が多様化することは、**日本人の性質を鑑みると、そもそもパフォーマンスが上がる働き方なのか、少々疑問が残ります。**

新しいことが好きな人は、クリエイティブな仕事をどんどんしていけばいいでしょう。しかしその一方で、日本人に多い、同じことを毎日コツコツ行うことでパフォーマンスを上げやすいタイプの人や、みんなで一緒に力を合わせ、みんなで同じ仕事をやることでパフォーマンスが上がるタイプの人は、**個を重視されすぎるとつらく、ストレスがかかる人が多いかもしれません。**つまり今、日本人は、ストレスがかかりやすい環境に置かれているということを、認識しておくといいかもしれません。

「朝起きられない」「疲れがとれない」「うつっぽい」ならビタミンC不足

人はストレスを受けると、栄養素がどんどん消費されていきます。

たとえば**ビタミンC**は、日常的なストレスによって、大量に消費されてしまいます。

副腎疲労という言葉を知っているでしょうか？

副腎は、左右の腎臓《じんぞう》の上に乗っている小さな器官ですが、その働きは重要かつ重大です。ストレスを感じると、私たちは副腎からストレスに対抗するためにコルチゾールというホルモンを分泌します。これはストレスを感じる機会が多ければ多いほど、ストレスの度合いが高ければ高いほど、多く分泌されるのですが、あまりにストレスが高い状態が続くと、副腎が疲れ果て、その機能を落としてしまいます。これが副腎疲労です。

副腎疲労が起きると、「朝起きられない」「疲れがとれない」「うつっぽい」など体や心

にさまざまな症状が出てきます。その結果、私たちはうつ病と診断されてしまうことがあります。

副腎の代謝にかかわるビタミン、ミネラルの中で最も重要なのが**ビタミンC**です。

副腎でストレスに対抗するためのコルチゾールがつくられるときも、ビタミンCは補酵素として働くため、ストレス過多になると、その多くが使われてしまいます。**ですからストレスに対抗するためには、ビタミンCをたくさん供給する必要があるのです。**

ではビタミンCを効果的にとるにはどうすればいいのでしょうか。

「ビタミンCといえば、フルーツだろう」と考える人は多いでしょう。

たしかに、フルーツにはビタミンCがたくさん含まれています。ただし、フルーツは血糖値を上げてしまうのが問題でした。**ですからフルーツからビタミンCをとるなら、グレープフルーツなどの糖度が低いものを食べるようにしてください。**

その他、ビタミンCは野菜からもとることができます。

野菜からとる場合は、蒸して食べる**温野菜**がおすすめです。野菜自体の水分で蒸す**タジン鍋**も、効率よくビタミンCをとれる調理法で、野菜からとる場合は、なるべく新鮮で質のいいものからとるようにしてください。

その他、ビタミンCを多く含む食品には**アセロラ**、**パセリ**、**緑茶**などがあります。

ただ、手っ取り早くビタミンCをとりたいからといって、ビタミンCが配合された栄養ドリンクを飲むのはおすすめできません。こうしたドリンクには砂糖が入っているだけでなく、そもそも液体に溶けるとビタミンCは壊れてしまうからです。

あるいはよく「ビタミンCは水溶性のビタミンだから、どんなにとっても尿から排出されてしまう。だからたくさんとっても意味がない」と言う人がいます。

しかし、ビタミンCは体内の臓器に高濃度に含まれていて、必要量が増えたときのために大切に貯蔵されています。その臓器の1つが副腎であり、脳であり、あるいは眼球の水晶体や血液中の白血球にも多く含まれています。

したがって一度にたくさんとればある程度は貯蔵されますし、こまめにとるのも血中のビタミンC濃度の維持につながります。**ですからストレスが高くパフォーマンスが下がっている自覚がある人は、量や回数を気にせず、意識的にビタミンCを多くとるようにしてください。**

日本人のパフォーマンスを上げる食事術

朝いちの「エナジードリンク」は禁止!

「さあ、今日も1日がんばるぞ」。

朝いちのデスクで、コンビニやドラッグストアで買った**エナジードリンク**をゴクリ。

もしあなたがこんな行動を日常的にとっているなら、**「最悪」**と言わざるを得ません。

エナジードリンクは飲めば一時的に元気になった感覚を得られるかもしれません。**でもこれは糖分やカフェインが気つけ薬になったに過ぎません。**エナジードリンクは一時しのぎにはなっても、継続的なやる気を復活させたり、疲れを吹き飛ばすものではありません。

エナジードリンクを飲んで、元気になったと感じる人は、エナジードリンクにたっぷり含まれている「糖分」と「カフェイン」のせいであり、「スッキリした」と感じたとしたら、あなたの体はすでに**糖質に依存している状態**だと言えるでしょう。

人間の主なエネルギー源には「糖（糖質）」と「脂肪（脂質）」があります。**そして「糖**

質」の割合が高ければ高いほど、人は食事による影響を受けやすく、疲れやすすく、集中力が落ちやすくなります。このままでは、「ここ一番、力を出したい」というときにパフォーマンスが落ちてしまいます。

ただ、栄養ドリンクに多く含まれる「タウリン」には、疲労回復効果があると言われており、タウリンを摂取すること自体は悪いことではありません。しかしお話ししたように、エナジードリンクとして糖分とカフェインを同時にとるのは非常に問題です。

もしも忙しい朝に、やる気を出し、手軽にエネルギー源となるものをとりたいなら、**バターコーヒー**をおすすめしたいと思います。バターコーヒーとは、コーヒーにバターとココナッツオイルなどに含まれる脂肪を混ぜたものになります。バターには吸収が良くエネルギー源になる「酪酸」などの短鎖脂肪酸が多く含まれ、これが全身の効率のよいエネルギー源になるのです。

ただしコーヒーに含まれるカフェインも中毒性が強いので、毎日の飲み過ぎは禁止です。「ここぞ」というときのみ、胃腸への負担が少ないオイルとともに飲むのなら、エナジードリンクよりはおすすめできるかもしれません。

集中力を高めたければ「ピーナッツ」「アーモンド」「カシューナッツ」

ビジネスパーソンが仕事をする上でどんな力が欲しいかと聞かれたら、必ず上位に入るのが「集中力」です。

そしてこの集中力も、実は食事によって生み出すことができます。

効果的に集中力を出すためには、脳内において「ドーパミン→ノルアドレナリン」の経路を円滑にすることが必要です。

ドーパミンをはじめとする、脳の神経伝達物質の材料は主に**たんぱく質**です。食事でとった肉、魚、卵、大豆製品などのたんぱく質は、体内で消化酵素によって分解され、アミノ酸に変わります。アミノ酸は全部で20種類あり、脳内にはL-グルタミン、L-フェニルアラニン、チロシン、L-トリプトファンの形で入ります。

次の図の、ドーパミンとノルアドレナリンがつくられる過程を見てください。

脳内へと運ばれたアミノ酸は、ビタミンやミネラルと組み合わさることで、脳内神経伝達物質であるドーパミンやノルアドレナリンへと変化します。

この過程で必要になる栄養素が不足すると、私たちは高いレベルで集中力を発揮できません。つまり**私たちが、ドーパミンによって心地よく満足感を得ながら、ノルアドレナリンによって時間の経過も忘れるほどの高い集中力で仕事をこなすには、アミノ酸（たんぱく質）が欠かせないのです。**

ただし肉や魚、卵や大豆製品を食べたからといって、それがすぐドーパミンやノルアドレナリンになるわけではありません。ぐっと集中力を上げてパフォーマンスを上げるには、これをつくる材料となるフェニルアラニンやチロシンを多く含む、**ピーナッツ**や**アーモンド**、**カシューナッツ**をとるのがおすすめです。特にカシューナッツはノルアドレナリン合成に必須の銅を多く含む、非常に優れた食材です。

実は集中して仕事をすることを、人間の体は「ストレス」と認識します。

ですからひたすらノルアドレナリンに任せて過度に集中する状態で仕事をするのではな

く、ドーパミンも適度に分泌しつつ満足感や達成感を感じながら集中して仕事をするほうがパフォーマンスは上がります。

さらには仕事が一段落したとき、**GABA**《ギャバ》（81ページ参照）が適度に分泌されることも重要です。これによってホッとした安堵感を得られれば、長い目で見たときパフォーマンスの向上につながります。

高い集中力で成果を上げているときであっても、寝つきが悪くなったり夢が増えたり、早く目が覚めてしまうようなときは、ノルアドレナリンが過剰でＧＡＢＡが不足していることが考えられます。

そんなときには、運動したりマッサージを受けたりして気分転換をするとともに、しっかりとたんぱく質をとるようにしてください。

このとき飲酒やスイーツなどで気分転換をしようとすると、ＧＡＢＡをつくるのに必要なビタミンB_6が不足してしまうので、避けなければなりません。

つまりビジネスパーソンにとっては、集中したパフォーマンスとそれにともなう達成感、仕事を離れたときの穏やかな感覚などを得るために、たんぱく質を中心としたさまざまな栄養素が必要だということです。

脳内神経伝達物質は栄養素からつくられる

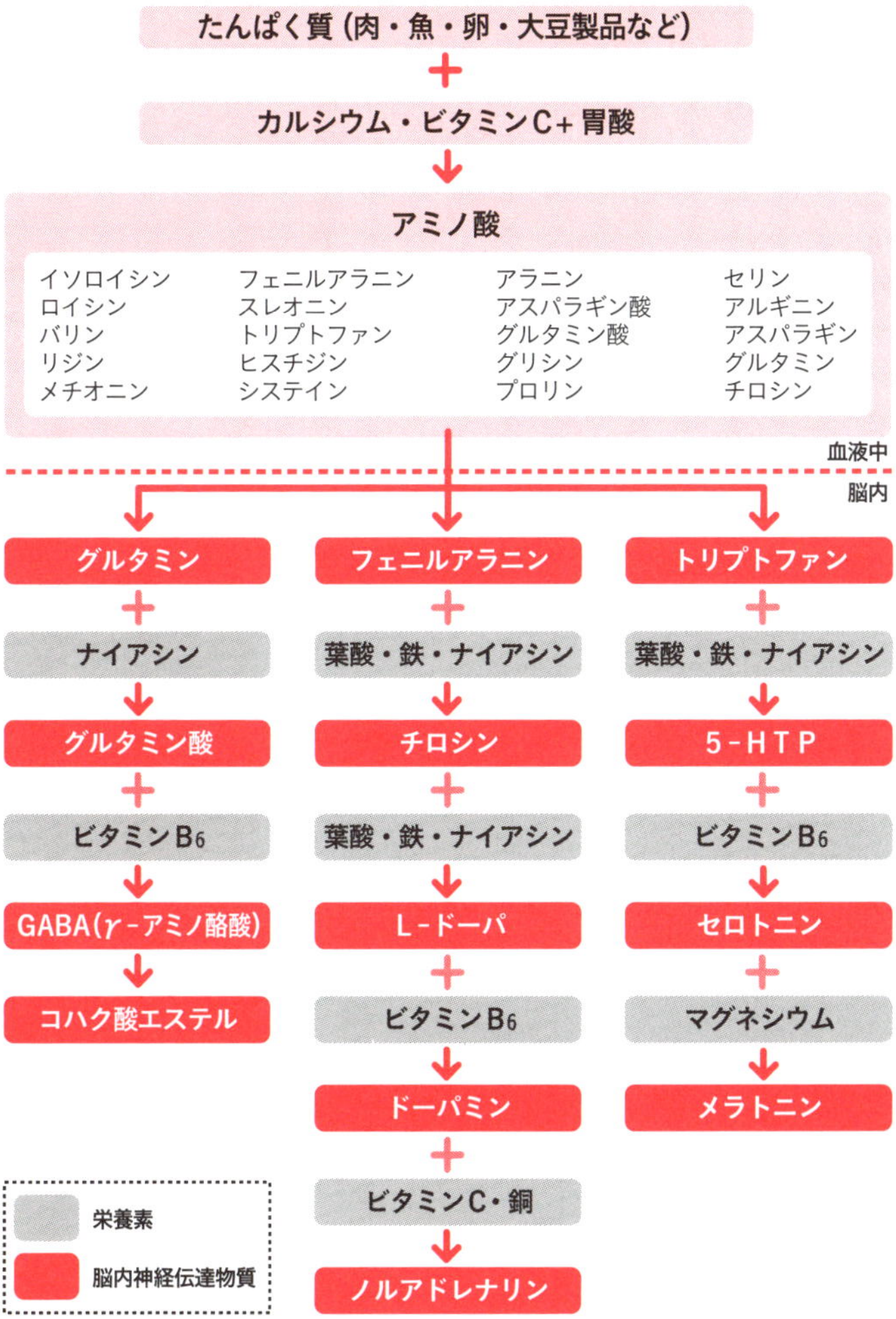

日本人のパフォーマンスを上げる食事術

パフォーマンスを上げるには「1日3食」でなくてもいい

「1日に何回食事をとればいいですか？」

取材の現場や患者さんたちに、とてもよく聞かれる質問です。

私たちは小さい頃から、親や学校の先生から「1日3食、きちんと食べなさい」と教わっており、真面目な日本人は、1日3食が正しい食事の形であると思い込んできました。

しかし結論から言うと、1日に必要なたんぱく質やビタミン、ミネラル、カロリーが補充できれば、食事の回数は大きな意味を持ちません。

1回でとれるなら1日1食でもいいですし、1回でとれなければ何回に分けても構いません。つまり必ずしも朝昼晩、1日3食をきちんと食べるのが規則正しい食事というわけではないということです。

「1日に何回食事をとるべきか」というのは、食事のたびに糖質を摂取する前提の話です。糖質をとることを前提にすると、回数を決める必要が出てきます。なぜなら、糖質は血糖値を上げやすく、糖質をとるたびに、私たちの血糖値は急激に上下してしまうからです。

仕事、すなわち脳のパフォーマンスを上げるには、糖質をたくさんとって空腹を避ければいいということではなく、血糖値を一定に保つことが重要です。

血糖値の上がり下がりを考えると、1日1食や2食では血糖値の変動が大きすぎて、パフォーマンスが良い時間帯と悪い時間帯の差が出てしまいます。だからこれまでは、規則正しく3食食べる必要があると言われてきました。

残業時間にお腹がすいてイライラする方も多いと思います。これも空腹から血糖値が下がりすぎて、交感神経が優位になりパフォーマンスが下がってしまっている状態です。

そこで私は、**糖質をなるべく制限しつつもしっかり栄養をとって、血糖値を一定に保ったほうが、健康な体を維持しつつパフォーマンスが上がりやすい体になる**と考えています。

毎食、糖質をとらないのであれば、食事の回数に制限はありません。

血糖値が安定さえしていれば、1日何食食べても大丈夫です。

ちなみに私は糖質制限をするとともに、食事では十分な量の脂質とたんぱく質をとるようにしています。次にお話ししますが、これはエネルギー源をケトン体（脂肪）に依存するケトジェニックな状態をつくるためです。**このケトジェニック状態をつくることこそが、パフォーマンスを最大化します。**

たんぱく質といえば肉ですが、私はランチにステーキを食べるのも大好きです。ステーキ屋に行けば最低でも３００gはたいらげます。そのときはライスもパンも頼まず、トッピングのコーンはブロッコリーに変えてもらいます。このメニューであれば午後も眠くならず、安定した集中力で夜まで仕事をすることができるのです。

ちなみに肉はあえてサーロインを選択します。脂質が増えることによって満腹感が得られるとともに、午後の活動に必要なエネルギー源を脂肪に賄わせるようにするためです。

私は朝から夕方まで診療やセミナー、取材などめまぐるしい毎日を送っていますが、脂質とたんぱく質を肉からたっぷりとる食事を続けていると、パフォーマンスが衰えることはありません。

日本人のパフォーマンスを上げる食事術

主食を抜いて疲れしらずの「ケトジェニック」体を目指す

人間の体は「糖（糖質）」と「脂肪（脂質）」をエネルギー源として使い分けています。ところが現代の日本人の多くは、普段から糖質（米・麺・パンなど）を多く食べることで、エネルギー源を糖質に依存してしまっています。

糖質は血糖値を上げやすいので、エネルギー源を糖質に依存しているということは、血糖値の上がり下がりに脳や体のパフォーマンスが左右されるということです。**つまり糖質たっぷりの食事によって血糖値が上がっているときは、体も脳も機能するのですが、時間が経過し血糖値が下がってくると、仕事の能率が下がり眠くなって、ときには意欲も低下してしまいます。**これを防ぐなら、2～3時間毎に糖質を摂取しなければなりません。

一方、糖質に代わるエネルギー源が、脂質を元に生成される**「脂肪酸」と「ケトン体」**

です。糖質を摂取して体内にブドウ糖があると、糖から先に使われ、ケトン体がエネルギー源として使われることはないのですが、**糖質制限をして糖質をエネルギー源にすることなくうまくコントロールしていくと、脂質をエネルギー源にするよう体のしくみが変わってきます。これが「ケトジェニック」体です。**

ケトジェニックとは、糖質依存からケトン体依存の体に変わることですが、これによって「悟りの境地を得られた」という人もいるくらい、安定した長時間のパフォーマンスを維持できる体になります。

脂質は貯蔵タンクに大量に準備されていますから、すぐにお腹が空くこともありません。**ケトン体をエネルギー源として利用できる体になれば、ケトン体が脳に供給されるようになり、血糖値が安定することで、仕事のパフォーマンスも安定して上がります。**

最近**「ケトジェニックダイエット」**も注目されていますが、脂質をエネルギーに使える体にすれば、パフォーマンスが上がるのみならず、ダイエットにもなり一挙両得です。

自分が糖質依存かどうかをチェックする、わかりやすい方法があります。それは**ランチで糖質抜きの食事をして、午後のパフォーマンスが上がるかどうかを見ること**です。

具体的にはごはんや麺などの主食を抜いてみるということですが、ランチでは糖質を抜

ケトジェニックとは？

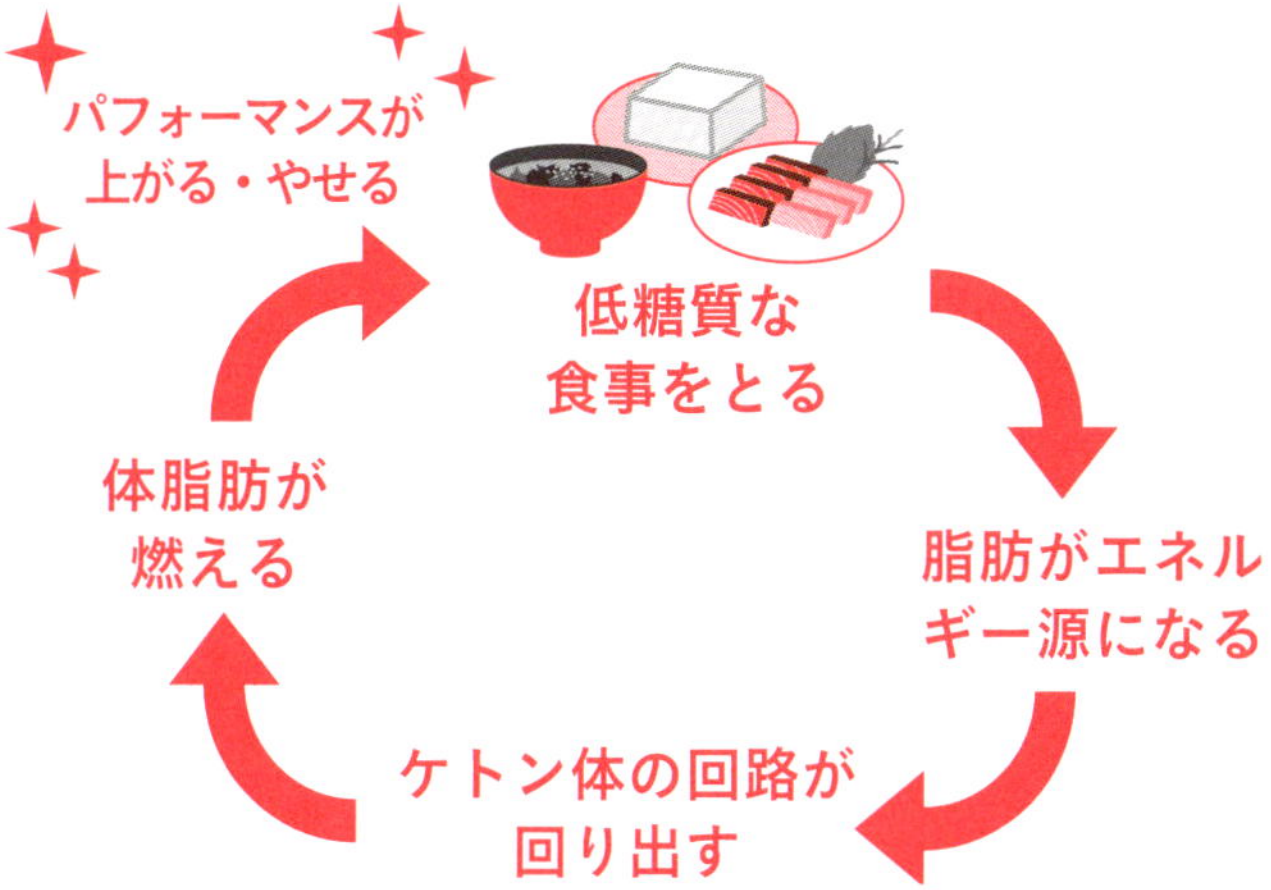
パフォーマンスが上がる・やせる
低糖質な食事をとる
脂肪がエネルギー源になる
ケトン体の回路が回り出す
体脂肪が燃える

く代わりに、肉などの動物性たんぱく質をしっかりとるのがポイントです。

すると体は糖質ではなく、ケトン体をエネルギー源として使うことになるのでこのときの自分の体の状態をチェックします。

もしもパフォーマンスが上がらず、下がったならば、かなりの「糖質依存」である証です。ひどい糖質依存の人の場合、いきなり糖質を抜いてケトン体を目指すと、エネルギー不足になって、より疲れることがあるので、その場合は少しずつ糖質の量を減らすなど、段階を追ってやってください。

糖質依存　チェックリスト

- □ 夕方になると、仕事のパフォーマンスが落ちる
- □ 夕方になると眠気を感じ、集中力が途切れる
- □ 甘いものやスナック菓子、清涼飲料水をほぼ毎日とる
- □ 猛烈な空腹感があり、ついつまみ食いしてしまうことが多い
- □ イライラや不安感が甘いものやカフェインをとると落ち着くことがある
- □ 頭痛や動悸、しびれなどが甘いものやカフェインをとると落ち着くことがある
- □ 体重の増減が激しいほうだ
- □ 食事はパンやおにぎりだけで済ますことが多い

※３個以上チェックがついた人は、「糖質依存」の可能性があります。

夕方に眠気が出たり、集中力が途切れたとき甘いものをとると一時的に症状はやわらぎますが、実はこれは逆効果。少しずつ糖質をコントロールできる食生活に変えていきましょう。

日本人のパフォーマンスを上げる食事術

食べ順は「肉ファースト」

最近、食べる順番が注目されるようになり、**「ベジファースト」**と呼ばれる、野菜を最初に食べる食べ方が流行っています。これは食事の最初にまず野菜（食物繊維）をとることによって、そのあとに食べた食材の吸収を緩やかにする食事方法です。

ベジファーストにすることによって、食事に含まれている糖質の吸収が遅くなり、血糖値の上昇を抑えられます。その結果、血糖値のコントロールに必要なインスリンの分泌量が減り、太りにくくなるという理論です。さらにベジファーストは、食物繊維の摂取量が増えることから、便通が改善するとても良い食事のとり方です。

ですからベジファーストの理論とその素晴らしい効果を、私は否定するつもりはありません。**でも、私がおすすめしているのは、実は肉から食べ始める食べ方、名づけて「肉フ**

ァースト」の食事法です。

肉には私たち人間が吸収しやすいアミノ酸組成のたんぱく質が多く含まれ、安定したエネルギー源となる脂質も十分、加えて脳内神経伝達物質の合成に必要なビタミンB群、鉄、亜鉛、銅などもバランスよく含まれます。

神経伝達物質のバランスを保ち、心身の活動に必要な栄養素を考えると、肉に足りないのは、ビタミンCとマグネシウムなど微量ミネラルぐらいで、肉は本当に万能食材です。

しかし疲労感や抑うつ感、集中力の低下などを訴えて来院される患者さんの多くは、肉不足から、これらの栄養素が不足している状態であることがほとんどです。

肉ファーストにすると、その後の糖質による血糖値の上昇を防ぐことができます。アメリカの糖尿病の食事指導では、食事の最初に十分な脂質を摂取することで、その後の血糖値の上昇が抑制されるとしています。

十分な脂質の摂取は、満足感を得やすく食べ過ぎも防ぎます。摂取カロリーが増えるにもかかわらず、肉ファーストと糖質制限を実践することによって、体脂肪率が減り健康的なダイエットも可能になるというメリットもあります。

ですから患者さんたちにはたくさん肉を食べることをすすめたいのですが、クリニックを訪れる患者さんには、胃腸の調子が悪く食事量を増やせない方が多くいらっしゃいます。また、特に日本人女性の多くは1回で食べられる食事量が少なく、そのような方がベジファーストで野菜をしっかり食べてしまうと、それだけでお腹がいっぱいになってしまいます。すると肉にたどり着けず、必要なたんぱく質の量を摂取できないことがよくあります。そこで私はあえて「肉ファースト」を提唱しているというわけです。

ただし肉ファーストは、肉オンリーではありません。

食事のはじめからしっかりとお肉を食べ、**亜麻仁油やエゴマ油などの良質な脂質**をたっぷりとかけた野菜にレモンを絞り、**わかめなどの海藻も盛りつけたサラダ**をその後に食べてもらっています。そうすることで、肉だけでは不足する食物繊維、ビタミンC、マグネシウムなどの重要な栄養素が確保されます。

これであれば食事の最後に少量の糖質（炭水化物）を食べたとしても、血糖値の上昇はとても緩やかになるため、血糖値の変動によるさまざまな症状も緩和され、パフォーマンスも維持されます。

たんぱく質は、常に古いものが壊され新しいものがつくられているという大切な特徴があります。壊されたたんぱく質の多くは、アミノ酸へ分解され再利用されているのですが、再利用されないたんぱく質が常にあり、尿へ毎日排泄されています。これはどんなに活動を制限しても常に排泄されます。ですから**1日で失われるたんぱく質は、その日のうちに食事から供給される必要がある**のです。

インフルエンザなどで数日間ほとんど動けなかったことはありませんか？　そのときにお腹に優しいという理由でおかゆばかり食べていると、たった数日なのに太ももの筋肉が衰えたような経験はないでしょうか。それほどまでに、私たちの身体に含まれているたんぱく質はダイナミックに入れ替えが行われるため、失われるマイナス分は常に補うことが必要なのです。

この考え方は、体に限ったことではありません。

脳の構成成分は6割が脂質で4割がたんぱく質です。パフォーマンスを左右する神経伝達物質の材料もたんぱく質です。たんぱく質の入れ替わりは脳でも行われているのです。

脳は体重の２％程度の重量ですが、全消費エネルギーの20％は脳で消費されています。睡眠中もこのエネルギー消費はほとんど下がりません。これらのことから見ても、**高いパフォーマンスを維持するには、たんぱく質と脂質が豊富に含まれる「肉」が優れた食材である**ことをご理解いただけると思います。

そこでクリニックでは、肉を食べるとお腹の調子が悪くなるという場合には、消化酵素を食事中に使いながらでも肉を食べることをすすめています。多くの患者さんは、しばらくたつと肉を食べてもお腹の調子を壊すことがなくなり、肉を好きでない方でも美味しく感じるようになるようです。

そのようなときには、お肌の調子もよくなり見た目もとても若返ります。

肌もコラーゲンもたんぱく質であり、常に入れ替えが行われているので、肌を見てもこの変化は納得できることでしょう。

日本人のパフォーマンスを上げる食事術

スタバで飲むなら「コーヒー」より「ソイラテ」

休憩時間にカフェでコーヒーを購入し、気持ちをシャキッとさせて、仕事に戻る。

もちろんこれ自体は悪くありません。

コーヒーには抗酸化成分の1つ、ポリフェノールが含まれており、アンチエイジング（第3章で詳しくご紹介します）や血行促進作用など、たくさんの効果が得られます。

ただし気をつけなければならないのが、先述した「カフェイン」です。

カフェインは交感神経を刺激する作用があります。これは脳を落ち着かせるアデノシンという物質の作用を遮断することによって、相対的にドーパミンなどの興奮系の作用が強くなるために起こります。この作用によってコーヒーは、眠け覚ましになり、飲むと一時的に集中力が増し元気になったような気がしてしまうのです。

アデノシンは脳内だけでなく、心臓でも作用しています。カフェインによって心臓のアデノシンの作用が減弱すると、交感神経が刺激され心拍数が増加したり、血圧が上昇するようになります。副腎においてもアドレナリンやコルチゾールの分泌が刺激されるため、疲労感が軽減し、ストレスへの抵抗力も上がることが考えられます。つまりカフェインにはパフォーマンスを上げる多くの作用があるのです。

ただしカフェインは、習慣的に飲むことによって耐性が生じるため、同じ作用を得るためにはカフェインの必要量が増えてしまったり、長期間のカフェインの摂取によって疲労感や抑うつ感が生じることも報告されています。

したがってカフェインが持つパフォーマンスを上げる作用を期待するのであれば、やはり**「ここ一発」の集中力を上げるとき、戦略的に利用する**のがおすすめです。一般的には、1日2~3杯のコーヒーであればカフェインの耐性は生じないとされていますが、カフェインの作用には個人差が大きく、少量でも耐性が生じることが知られています。

そこでスタバやタリーズなどのカフェでおすすめするのが「ソイラテ」です。

ソイラテは、ご存じの通り牛乳の代わりに**豆乳**を使っています。大豆を水に浸してすりつぶし、水を加えて煮て、その煮汁を濾したものが豆乳です（この豆乳ににがりを加えたものが豆腐です）。豆乳は牛乳と比較して糖質量が少ないため、**同じスタバのトールサイズで糖質量を比較すると、ラテは16gでソイラテは9g**になります。さらにソイラテには、大豆たんぱくや美容と健康にいいイソフラボン（第3章で説明します）や、脳の機能や集中力にも影響するビタミンB群、脳機能を活性化するレシチンなども豊富に含まれるのでその意味でもおすすめです。ちなみに**同じトールサイズであれば、カフェインも約半分程度になりカフェインの過剰摂取も予防できます。**

自宅で市販の豆乳を取り入れる場合は、糖分が入っていない**無調整豆乳**を選ぶようにしてください。無調整豆乳は何も味つけされていないのですが、**調製豆乳**は飲みやすくするために砂糖などの糖分が多く入っています。この調製豆乳に果汁やフレーバーなどで味つけした**豆乳飲料**もあり、最近はこれをそのまま凍らせてアイスクリームにするのが流行っていますが、これは無調整豆乳に比べると、カロリーも糖質も多くなるので要注意です。**大豆たんぱくやイソフラボンなどの栄養素は、「調製豆乳」でも「無調整豆乳」でも大きな差はありませんが、「豆乳飲料」になると、かなり大豆たんぱくが少なくなるのでこれにも注意してください。**

日本人のパフォーマンスを上げる食事術

3時のおやつは「高級アイス」「高級チョコレート」で集中力を上げる

糖質依存からケトン体依存の体に変われば、パフォーマンスがアップする……。

これが頭ではわかっていながらも、コンビニに行けばつい糖質に手が伸びる。これが人間かもしれません。糖質は、食べれば食べるほど欲しくなり、加えてすぐにお腹が空くので、「永遠に糖質が欲しくなる」という悪循環に陥ってしまいます。

そこで「急に糖質をシャットアウトするのはつらい」「つい甘いものが欲しくなってしまう」という人に私がアドバイスしているのは、**ちょっと高級なアイスクリームやちょっと高級なチョコレートを午後のおやつや寝る前に食べる**ということです。なぜなら適度な糖質と脂質を食べると血糖値が安定し、ひとまず脳が満足して落ち着くからです。

糖質依存からケトジェニックへ移行する過程で、糖質の摂取をゼロにするのは難しく、かえってリバウンドでごはんやパンや甘いものをどか食いしてしまうことがあります。**ケトジェニックな体に変わるまでには、早い人でも2週間程度かかります。**

そこで一気にケトン体にもっていくことが難しい人は、残業中やおやつの時間は、コンビニなどで**ハーゲンダッツなどの高級アイス**（植物油脂が多いラクトアイスとは異なる高脂肪なもの）や、**少し高級なチョコレート**（脂肪分が多いもの。カカオが多いものでなくてもOK）で脂質を多めにとると、腹持ちもよく、適度に糖質もとれるため、糖質依存の人でも満足できます。

それに、不思議と高級なものはたくさん食べられないものです。安価なものや低脂肪のものほど、なぜかたくさん食べてしまうのは、人間の心理でしょうか。

脂質と糖質を含むものを少しだけと言っても、ポテトチップスやドーナツには絶対に手を出さないでください。

ポテトチップスもドーナツも、たしかに油はたっぷりありますが、それ以上に糖質が多いからです。それに**時間が経った油は酸化をしているので、健康上もおすすめできません。**

間食は甘いものでなくても大丈夫という人は、脂質ではなく**冷奴**などの豆腐類、**食べる**

煮干し、枝豆、あたりめ、サラダチキン、焼き鳥などがおすすめです。

私もおやつに「あたりめ」をよく食べます。イカ、タコ、貝類には多くのタウリンが含まれており、これがやる気を引き出します。その他、**ビーフジャーキー**などもおすすめです。こうした食品はよく嚙むことで脳の血流がアップしやすく、満腹感も得られやすい、さらにはアミノ酸の一種であるロイシンや**記憶力をアップさせるＤＨＡも豊富**で、血糖値を安定させてくれます。

近年、日本人の咀嚼力が低下していると言われています。

咀嚼力の低下は、脳への血流を減らし、仕事のパフォーマンスを下げるだけでなく、認知症の増大にもつながっていると言われています。ですから間食であたりめなどを食べることは、なかなかおすすめかもしれません。

ただ、どの食材でも食べ過ぎは禁物です。

たんぱく質なら比較的少量でも空腹が満たされることが実感できるはずですから、満腹になって眠くなるまで食べ続けるのは避けるようにしてください。

日本人のパフォーマンスを上げる食事術

小腹がすいたら机の上に「ココナッツバター」

夕方になるとガクッと集中力が落ちたり、だるくなってやる気が出なくなってしまう人は、エネルギーチャージが必要です。

私の患者さんの中にも、夕方デスクに向かっていると、どうにも集中できなくなって、コーラを毎日飲んでいたという人がいました。

コーラは糖分とカフェインを含んでいますから、これは立派な**コーラ中毒**です。コーラも先述したような〝気つけ薬〟として、飲んだ直後は元気になるのでしょう。でも、これはもちろん**逆効果**です。

糖質依存の人は夕方の16時、17時くらいになると一気にパフォーマンスが落ちることが多く、中には**猛烈に空腹を覚える**という人もいます。

そんなときには夕方の適度な「補食」が必要です。**補食は活動のためのエネルギー補給が目的なので、脂質を多く含んでいることが重要です。**ところが一般的に3時のおやつで食べるものは、クッキーやおせんべいのようなほぼ糖質というものを選びがちです。このような糖質中心の補食では、その後の血糖値の乱高下を引き起こすだけになります。安定して高いパフォーマンスを発揮することができるケトジェニックな体質を目指す際の補食としては、けっしておすすめできるものではありません。

そこで私は急ぎの仕事や多忙のとき、あるいは集中して資料をまとめなければならないなど**ここ一番で力を出したいときは、ココナッツバターをひと口食べるようにしています。**ですから私のクリニックのデスクのパソコンの脇には、いつもココナッツバターの瓶が置いてあります。

今や**ココナッツオイル**はよく知られるようになりました。コーヒーに入れて飲んでいるビジネスパーソンも多いでしょう。しかし私は飲み物ではなく、甘さもあり食べ物に近い脂質にとんだ食材を探していました。ココナッツオイルを補食でとるには匂い、味、触感などに抵抗があり、続けることができなかったという理由もあります。ところが**ココナッツバター**をとるようにしたところ、ほのかな甘みがあり味が合格。さらに腹持ちがいいのです。しかもココナッツバターは果肉そのものからつくられるので、食物繊維を豊富に含んでいます。**ですから腹持ちがいい上に、腸内環境も整えてくれます。**

ただしココナッツバターは油と繊維が分離しやすいので、寒い冬の日などは多少、湯煎してかき混ぜる必要があります。しかしあたたかいオフィスであれば、そこまで分離することもありませんので、私は瓶から直接スプーンですくって食べています。これができるので非常食としてココナッツバターはとても便利です。そのままでも十分おいしいです。

ちなみに、ココナッツバターを溶かしたものにナッツを砕き入れ、再び冷やし固めると、**ナッツ入りのホワイトチョコレート**のようになって、夕方の小腹を満たすのにぴったりです。ぜひ試してみてください。

日本人のパフォーマンスを上げる食事術

バッグのお菓子は「ナッツ」に変える

こんなことを言うと、女性に怒られてしまうかもしれませんが、女性のバッグにはたいてい小さなお菓子が入っているように思います。手頃な価格の甘いチョコレートやキャラメル、スナックなどなど。みなさんはいかがでしょうか。

結論から言うと、食べるものを選べばこうした「間食」はおすすめです。

会社からの帰り道、夕食の買い物を急いでするとき、なにかで小腹を満たしたい。その気持ちはよくわかります。こういうときはむしろ、間食をしないことによる害のほうが大きいと言えるくらいです。小腹が減っても間食を我慢してしまうと、夕食にドカ食いしてしまうことがあるからです。

間食をしないと、夕食前には血糖値が下がっていますから、非常にお腹が空きます。

そんな状態でスーパーに寄れば、「手っ取り早く空腹を満たしたい」と、選ぶものはごはんや麺類など血糖値を上げやすい糖質のお惣菜になる傾向があります。

ビジネスパーソンに話を聞いていると、ランチから夕食までの時間がかなり長く空くことが多いようなので、バッグの中に小さなお菓子を入れ、帰り道で間食をとれば、血糖値の低下が抑えられますし、空腹時のイライラも減って、気持ちも安定すると思います。

ただし、バッグに忍ばせるものについては選ぶ必要があります。

キーワードは、やはり「脂質」「たんぱく質」です。

たとえば**「小魚アーモンド」**や**「くるみ」などのナッツ類**は、バッグに忍ばせておくのに最適と言えるでしょう。

ただしケトジェニックな体質に変わることができると、夕食前の間食も不要になります。血糖値の変動に関わらず、脳や体のエネルギー源がケトン体になり、いつでも安定したパフォーマンスを発揮することができる体になるからです。

日本人のパフォーマンスを上げる食事術

むしゃくしゃした日は居酒屋で「カツオのたたき」

最近ではチョコレートにも入っている**GABA**《ギャバ》は、リラックス効果があり、ストレスを解消する成分としてよく知られています。

GABAは抑制系の脳内神経伝達物質で、脳が興奮した際に、ブレーキをかける役目があります。正式にはγ-アミノ酪酸というアミノ酸の一種で、これが不足すると**イライラ**したり、**落ち着きがなくなったり**するだけでなく、**不安感**や**恐怖感**が出ることもあります。

仕事でパフォーマンスを発揮するには、GABAのような抑制系の脳内神経伝達物質と、ドーパミンのような興奮系の脳内神経伝達物質のバランスが取れていなければなりません。

先のGABA入りのチョコレートは、気分がむしゃくしゃしているとき、ストレスがたまっているとき、仕事中にホッと一息つきたいときなどに、口にしたことがある人もいるかもしれません。

ただＧＡＢＡ入りの食品を食べたからといって、すぐに脳に届き、脳内のＧＡＢＡが増えてリラックスできるわけではありません。

もう一度57ページの図を見てください。ＧＡＢＡに合成されるためには、たんぱく質が分解され、グルタミンとして脳内に入り、そのあと、ナイアシンやビタミンB_6などの働きによって神経細胞の中でＧＡＢＡとして合成されなければなりません。

ですから**ＧＡＢＡ入りの食品を食べても、すぐに効果があるということはあり得ません。**ＧＡＢＡをつくるためには、ナイアシンやビタミンB_6などの〝**補酵素**〟が必要なのです。

ナイアシンを多く含む食品の代表は、何と言っても**カツオ**です。

ですからもしもストレスがたまり、会社帰りにどうしても居酒屋（アルコールの摂取は本書では基本的にはおすすめしていないのですが）に行くのなら、**カツオのたたき**などは最高です。ちなみにナイアシンはアルコールを分解する酵素の作用も高めます。

その他、**たらこ**や**鶏のむね肉**などにもナイアシンは含まれていますので、夕食のメニュー選びの際には意識するといいでしょう。そしてここでもしつこいようですが、脳内神経伝達物質をつくる大元である「たんぱく質」の摂取も同時に忘れないようにしてください。

日本人のパフォーマンスを上げる食事術

出張したら「ホテルの朝食」に気をつける

ビジネスパーソンの中でも、朝の時間を有効に使っている人が増えています。

パワーブレックファストなどといって、アメリカの超多忙なエリートたちが、朝食を食べながらミーティングを行う様も紹介され、ホテルでの朝食には〝カッコイイ〟イメージもありますね。日本では**「朝活」**という言葉も出てきました。ホテルで朝からミーティングや取引先との会談、異業種交流などをしている様子は、まさに「できるビジネスパーソン」の象徴です。

こうしたミーティングに限らず、出張先などでとる**ホテルの朝食**は、ビジネスパーソンの大きな楽しみの1つです。**でも楽しいからと、ガツガツ食べてしまうと、かえってパフォーマンスを落とす可能性があります。**

たとえばホテルの朝食にありがちな**「コンチネンタルブレックファスト」**。

その中身はどのようなものだと思いますか。

あくまでも一例ですが、次のようなものが多いでしょう。

- **フルーツ、パン、コーヒー、ジュース**
- **シリアル、ヨーグルト、サラダ**

ここにはパフォーマンスを下げる、NG食品がたくさん含まれています。

血糖値を上げるフルーツ、ジュース（フルーツはジュースになると、さらに急激に血糖値が上がります）、糖質が多くグルテンを含むパン・シリアル、カゼインを含むヨーグルト、カフェインの多いコーヒーなどなど。**これでは朝から頭は働きません。**

もしも出張先で朝食をとるなら、バイキング形式がおすすめです。

サラダに**卵料理**や**肉料理**、**魚料理**など、自分で選ぶ余地があるからです。

出張時は朝からわざわざジュースやパンを中心にとることで、血糖値を不安定にさせ、集中力やパフォーマンスを下げることのないよう、ぜひ注意するようにしてください。

日本人のパフォーマンスを上げる食事術

残業後のコンビニでは「焼き鳥（皮）」がおすすめ

疲れて帰宅すると夜10時。

忙しいと深夜に帰宅をするというビジネスパーソンも多いのではないでしょうか。

会社で夕方以降、コンビニのおにぎりやサンドウィッチ、カップラーメンなど糖質メインの軽い夕食をとっていると、空腹を早く感じるため、夜遅く帰宅したときには小腹が空いていることもあるでしょう。こうした人は帰宅後に何を食べるか、悩ましいところです。

「寝る前に食べると太る」。これはよく言われていることですが、食べた後にすぐ寝ると、それがそのまま脂肪として蓄えられるというのはよく知られていることです。

でも太りたくないからと空腹を我慢して寝ると、途中で目覚めてしまったり、眠れなかったりします。だからと言って、ラーメンやコンビニのお弁当や菓子パンなど、糖質たっぷりの夜食をとってしまうと、今度は**夜間の血糖値が不安定になり睡眠のトラブル**という問題が出てきてしまいます。

夜間低血糖とは、寝ている間に血糖値が急激に下がる状態を言います。夕食や就寝前の食べ物で血糖値を急激に上昇させるとインスリンが分泌されて、一気に下がる。これは私たちが寝ている間に体をこわばらせたり、歯を食いしばらせたりします。すると、睡眠の質が悪くなり、寝ているつもりでも体は休まらず、体の疲れがとれないまま、朝からだるいといったことが起こるのです。**こうなると当然、翌日の体調は悪く、日中のパフォーマンスはガタ落ちになってしまいます。**

ではどうすればいいのでしょうか。

空腹で寝るのもダメ、糖質をとり過ぎて寝るのもダメ。そうなると、血糖値が上がりにくい食事を軽くとって寝るのがいちばん、ということになります。

もし残業の帰りにコンビニに寄って夜食を買って帰るなら、おすすめは**焼き鳥**（タレは糖質が多いので塩に）や**サバ缶**、**ゆで卵**などのたんぱく質がいいでしょう。もちろん**お刺身**や**納豆**でも結構です。

そして意外かもしれませんが、焼き鳥を食べるなら、いかにもカロリーが低そうな「ささみ」ではなく「皮」がおすすめです。そのほうが脂質が多いので腹持ちがよく、血糖値が上がりにくいからです。

サバ缶は、甘い味つけがしてある味噌煮ではなく、水煮にしてください。「水煮ではなんだか物足りない」という人は、**マヨネーズ**をつけるのがおすすめです。マヨネーズは高カロリーだからだめだ、と思っている人は多いのですが、マヨネーズは卵と油でつくられています。つまり、たんぱく質と脂質なので、糖質が少ないのです。ただし、カロリーが2分の1などになっているタイプのマヨネーズには、コクを出すために砂糖が使われているものもありますので、食べるなら昔ながらの主に卵と油でつくられたマヨネーズを使いましょう（これはマヨネーズの袋の表記を見ればわかります）。

寒い時期なら**おでん**もおすすめです。**練り物**（魚由来のたんぱく質が豊富で糖質が少ないもの）、**卵**、**牛すじ**、**がんもどき**、**厚揚げ**、**タコ**、**大根**、**昆布**などがいいでしょう。

そして居酒屋で飲んだ帰りに、**シメのラーメン**を食べる人は要注意。たっぷりの糖質で睡眠の質が悪くなるだけでなく、肥満の引き金にもなってしまいます。

日本人のパフォーマンスを上げる食事術

寝る前の緊張をとるなら海藻たっぷりスープ

ぐっすり眠り、朝スッキリ目覚めることは、日中のパフォーマンスを大きく上げます。

逆に、いざ眠ろうと思っても目が冴えて眠れない、ストレスが強くリラックスできないなど、緊張度の高い人は、日中ぼーっとしてしまい、パフォーマンスを落としてしまいます。

前項でもお話ししたように、残業後、空腹のまま眠りにつこうとしても、ストレスが多い人は、なかなか質のいい睡眠には結びつきません。

そこでストレスがたまっている人、少々うつっぽい症状がある人、なかなか寝つけないと自覚している人は、残業でくたくたになって帰ってきている日こそ、「今日はもう何も食べずに寝よう」ではなく、**眠る前に何か口にするのが有効**です。

寝る前の緊張をとりたいなら、**マグネシウムを含む食品**をとることが効果的です。

もう一度、57ページの図を見てください。

右下にある「メラトニン」というホルモンは、別名「睡眠ホルモン」と呼ばれているものです。このメラトニンが夕方に分泌されると、夜、自然な眠りへと誘ってくれます。

メラトニンは、セロトニンから合成されるものなので、メラトニンを合成するには、朝たっぷりの太陽の光を浴びてセロトニンの合成を促進することが大切です。このとき必要な栄養素が、図のメラトニンの矢印の上にある「マグネシウム」です。

マグネシウムもストレスが高いとどんどん排出されてしまうため、ストレスが高い人は、マグネシウム不足になりがちです。ですからイライラしがちな人、日頃からストレスが高いと感じている人は、マグネシウムを積極的にとるようにしてください。

マグネシウムが多く含まれている食品は**木綿豆腐**、**アオサ**、**わかめ**、**昆布**、**ひじき**などの海藻類や**ほうれん草**などです。

寝る前に**わかめたっぷりのスープ**（卵を落としてたんぱく質をプラスするとなおよし）や**木綿豆腐を使った冷奴に海藻を載せたもの**、冬なら**昆布で出汁をとった湯豆腐**などを口にしてから、ベッドに入りましょう。これは日本人には嬉しいメニューですね。

日本人のパフォーマンスを上げる食事術

睡眠の質を高める夕食の「牛すじ」

せっかく眠りについていても、途中で目が覚めてしまう人も少なくないかもしれません。これを**中途覚醒**といいます。

中途覚醒を防止することも、日中のパフォーマンスを上げるためには重要です。

眠りにはリズムがあります。浅い眠りの**レム睡眠**と深い眠りの**ノンレム睡眠**があることを、知っている人は多いかもしれません。私たちは眠りにつくとまず、深い睡眠であるノンレム睡眠に入ります。その後、レム睡眠が起こり、再びノンレム睡眠が起こる……この繰り返しのリズムの中で、私たちの眠りはだんだんと浅くなり、朝目覚めます。

ところが寝しなに深くなるはずの睡眠が浅いとすぐに目が覚め、中途覚醒が起きてしまいます。ですから、**睡眠の質を高めるには、寝しなの睡眠をいかに深くするかが大切です。**

通常の睡眠がとれている人は、レム睡眠のときに夢を見ますが、レム睡眠のときに目が覚めてしまうのが中途覚醒がある人です。よく、**夢を見て一度起きて、またその続きを見るという人がいますが、そういう人はしっかりとした睡眠がとれていない**ので、朝起きてもぐったりしているのではないでしょうか。

深い睡眠をとるためには、体内の深部体温を下げることが重要です。

日中、体温は高く保たれていますが、眠りにつくとき私たちは、体の表面にある皮膚から熱を逃し、体の中心の深部体温を下げて、脳と体をしっかり休ませます。

よく赤ちゃんの手足が温かいと「眠くなってきたサイン」と言われますが、これは手足から熱を放散することで深部体温が下がっている証です。

体の中心の深部体温を下げるのに必要な栄養素が、グリシンです。

グリシンはアミノ酸の一種で、睡眠の「深さ」をつくるとき必要な栄養素として知られています。ですからグリシンをベッドに入る2、3時間前にとると、体温が調節され、深い睡眠に入りやすくなります。

グリシンはゼラチンから発見されたアミノ酸なので、グリシンを多く含む食品は、**牛すじ**、**豚足**などコラーゲン（コラーゲンの3分の1はグリシン）が豊富な食品の他、**タラ**、**イカ**、**タコ**、**ホタテ**、**魚の皮の部分**などの魚介類になります。

グリシンは寝る2、3時間前にとるといいので、夕食に魚介類を取り入れるといいでしょう。あるいは牛すじの煮込みや、肉なら軟骨や皮ごと食べたり、骨つき肉のスープなどでコラーゲンをたっぷりとるのもいいですね。その他、イカやタコ、ホタテなどをお刺身でとるのもいいでしょう。

日本人は、世界でも睡眠時間が短い国としてよく知られています。

忙しくて睡眠時間が伸ばせないのなら、せめて栄養をしっかりとって、眠りを深くしてください。

第3章

10歳若返るアンチエイジングの食事術

なぜ人は老けるのか？

突然ですが質問です。

老化とはなんでしょうか。

シミや**シワ**が増えることでしょうか。**白髪**が増えることでしょうか。**腰が曲がり**、**足元がおぼつかなくなる**ことでしょうか。それとも**認知機能が低下**することでしょうか。

どれも間違いではありません。老化という言葉からは、衰えていくこと、機能低下をイメージする人がほとんどでしょう。**でも実は「成長」と「老化」は、根本的には同じと言ったら驚くでしょうか。**

生まれてから亡くなるまでの一生の間で、人間の体の中では常に何かしらの変化が起きています。その変化をあるときまでは**「成長」**と呼び、成熟期を迎えてからは**「老化」**と呼びます。これは誰にでも起こる変化です。ただそのスピードには個人差があります。

動的平衡という言葉を知っているでしょうか。

青山学院大学の福岡伸一教授の著書にも『動的平衡』というものがあります。

私たちの体は、細胞が次の細胞をつくり、常に新しく生まれ変わりながら、見た目は一定に保たれています。たとえば川は、私たちの目にはいつも同じように見えますが、さっき見たその川と、今見ている川は同じではありません。同じに見えて、いつも川は流れ続けているからです。変わっているけれど変わらないように見える。これが動的平衡です。

そして私たちの体では、たんぱく質の動的平衡を維持することが、生きていることであると言い換えることができます。

われわれは日々、自らの体内にあるたんぱく質を壊しています。たんぱく質の分解によって生じたアミノ酸は次の新しいたんぱく質の合成に再利用され、使い物にならないたんぱく質は尿から排泄されます。成長期には、動的平衡を維持するためにたんぱく質の合成が多くなり、これによって人は大きく成長します。一方、成熟期以降では、動的平衡を維持しようとしても、たんぱく質が壊れたり、組織が小さくなるので、**たんぱく質の合成よ**

りも、壊れたり小さくなったりする量が増えてしまう、これが「老化」です。

たとえば骨の組織では、壊れた以上のたんぱく質がつくられれば骨は成長し、骨量も減りません。でも壊される量の方が多くなると、レントゲンでは変化がないように見えても徐々に骨量は減少し、結果、20〜44歳の平均値よりも30％以上、骨密度が減ってしまうと**骨粗しょう症**と診断されます。そして今や日本人の10人に1人が骨粗しょう症と言われています。

つまりアンチエイジングとは、自然の摂理によって訪れる体や脳の機能低下に対し、少しでもその速度を緩やかにし、質の高い状態を維持しようという考え方であり、**アンチエイジングでいちばん大切なのは、「たんぱく質の合成能力を上げること」**に他なりません。

必要な栄養を必要なだけとれる食事でなければ、動的平衡には狂いが生じてしまいます。細胞の機能が低下し、体も脳も老化が加速してしまうからです。

2016年、ノーベル医学・生理学賞を受賞した大隅良典氏は、細胞自身が不要なたんぱく質などを分解するしくみ**「オートファジー（自食作用）」**を分子レベルで解明したことが評価されました。不要になったたんぱく質を、細胞自身がリサイクルして、新しいたんぱく質の材料にしたり、細胞内の掃除をしたりすることがわかったのです。

スクラップ&ビルドとよく言われますが、私たちの体はまず壊すことから始めます。細胞内に入っている物質の機能が落ちてきたと認知すると、細胞が自分自身を壊し、リサイクルを始めます。

われわれ人間の体は、1日200gから250gくらいのたんぱく質の入れ替えを行っています。一方、食べ物から供給されるたんぱく質は1日60g程度。その差分は体の中で再利用しているということです。体はそうしてまで若さを保とうとしています。

ですから**材料であるたんぱく質をどんどん供給すれば若返りにつながる**のですが、どんなに供給しても、これまでと同じ質のたんぱく質をつくれなければ、筋肉が減ったり、シミやシワができたり、背が縮んだりして老化が進みます。ですからアンチエイジングを望むなら、**壊されたたんぱく質をいかに効率よく再利用し、いい状態を保つかが勝負です。**

たんぱく質を**プロテイン**と言いますが、その語源は古代ギリシャの言葉「プロテイオス」で、意味は「最も重要なもの」「第一のもの」です。それくらい人間、そして日本人も関心が高いアンチエイジングにとってたんぱく質は、なくてはならないものなのです。

アンチエイジングに大切なもの①
たんぱく質

たんぱく質を壊す作業が増えると、アンチエイジングにはかなりマイナスです。**たとえば間違ったダイエットや激しい運動なども、たんぱく質を壊します。**細胞内で、たんぱく質を上手にリサイクルしているエコ状態であるにもかかわらず、激しい運動やダイエットをしてしまうと、途端に動的平衡が崩れ、一気に老化が進んでしまうのです。

日本人は少ないたんぱく質でも、うまく使い回す体質を持っていますが、たんぱく質を最も多く含む「肉」の摂取量は、欧米人の約3分の1と、非常に少なくなっています。

たんぱく質不足は、粘膜や髪、爪、皮膚などですぐわかります。まず最初に弱くなった鼻やのどの粘膜からウィルスが入って風邪をひきやすくなったり、**皮膚や髪もたんぱく質がその材料**ですから、極端なダイエットをすると肌が荒れたり、髪の毛が抜けてしまいます。ですから若返りたい人は、たんぱく質の摂取を積極的にしてください。

アンチエイジングに大切なもの②「体をサビつかせない」栄養をとる

人が生きていくには、酸素が必要です。

しかし酸素を消費するとき、私たちの体には必ず**活性酸素**が生じます。

活性酸素は体を酸化させる物質の代表です。酸化とはいわゆる**「サビ」**のようなもので、**活性酸素は、「体をサビつかせてしまう＝老化や病気の大きな原因」になるものです。**

たとえばエストロゲンという女性ホルモンに活性酸素がたくさんあると、酸化によってエストロゲンの作用が弱くなり、**女性の老化**を早めてしまいます。また、ＬＤＬコレステロールが酸化して酸化ＬＤＬコレステロールになると、これは悪玉化して、**動脈硬化**の原因になります。

活性酸素は、ホルモンのレセプター（受容体）も酸化させてしまいます。

血糖値が上がると分泌されるインスリンレセプターが酸化すると、インスリンの効きが悪くなります。すると大量にインスリンを分泌しなければならなくなり、行き着く先は**糖尿病**です。

ですからたんぱく質の摂取に次いでアンチエイジングに大切なことは、活性酸素を減らし、酸化を防ぐための栄養をとることです。

もちろん体内でも、酸化が進むのをそのまま放置しているわけではありません。活性酸素を消去する酵素には、たとえばSOD（スーパーオキサイドディスムターゼ）やカタラーゼ、ペルオキシダーゼ、グルタチオン、ビタミンC、ビタミンE、β-カロテンなどがありますが、これらはまとめてスカベンジャーといいます。いわば活性酸素の消去部隊のようなものです。このSOD活性が高いほど長寿であることもわかっています。

これらの消去部隊に活躍してもらい、酸化を消去してもらうためには、食べ物から摂取する栄養素が必要です。これについてもこの後、具体的にお伝えしていきます。

アンチエイジングに大切なもの③「体をコゲつかせない」栄養をとる

アンチエイジングに大切なことの3つ目は、糖質の摂取を抑え、糖化を防ぐことです。**酸化が体の「サビ」**であるのに対して、**糖化は体の「コゲ」**です。**糖化も酸化と同じように体の美観を損なわせ、シミやシワ、骨がもろくなるなどの悪影響を及ぼします。**

糖化は、体内や血液中に存在するたんぱく質に、ブドウ糖や果糖などの糖がくっついてしまう現象です。これまでは糖質の影響として血液中のブドウ糖濃度の変化を中心に論じてきましたが、糖化を考える場合には、ブドウ糖より果物などに多く含まれる果糖がより強く影響します。

ブドウ糖は小腸から吸収された後で血液中に入り、血糖値を上げますが、血糖値が上がるとインスリンが分泌されてこれを下げます。一方、果糖は小腸から吸収されて血液中に入ると、インスリンを介さずすぐに細胞内に入っていきます。ですからブドウ糖よりもかなり速いスピードで細胞内での糖化反応を起こすのです。

糖化のわかりやすい例は、ホットケーキです。ホットケーキが茶色くなるのは、材料の小麦粉や卵のたんぱく質が糖と結合し、加熱によって糖化されるためです。甘くないホットケーキを焼けば、白いままで糖化は起こりません。

この糖化は濃度依存といって、糖の濃度が高いほど進みます。**つまり血糖値が高い人は、糖化が進み、老化が早いということです。**

ですから美容にいいからと、アンチエイジング目的でフルーツを食べているとしたら、むしろ糖化を促進してしまうことになります。フルーツについてはすでにお話ししたように、ビタミンやミネラル、食物繊維を含むヘルシーなイメージがありますが、たくさん食べるのはやめたほうがいいでしょう。繰り返しますが、食べるなら糖度の低いかんきつ系のフルーツを選び、食後に少量にとどめるようにしてください。

その他、たんぱく質を構成しているアミノ酸によって、糖化されやすいものとされにくいものがあります。たとえばグリシンというアミノ酸はコラーゲンに多く含まれ、糖化を受けやすいものの代表です。体内でコラーゲンが多い場所がどこかと言えば、**肌や骨**です。**だから肌や骨の糖化が進むと、シミやシワ、骨がもろくなるというわけです。**

以上が、アンチエイジングの基本ですが、アンチエイジング対策は、高齢者になってからでは遅すぎます。30代、40代から始め、食事によって体の中から若返ることが大切です。

整理をするとアンチエイジングの食事のポイントは次のようになります。

- **たんぱく質を積極的にとる**
- **酸化を防ぐ食品をとる**
- **糖化を防ぐ食品をとる**

アンチエイジングと聞くと日本では、見た目が重視されるため化粧品にばかり関心が及びがちです。ところがエイジングは、皮膚だけでなく体のすべてで進む反応です。特に糖化や酸化が深く関与していることを考えると、糖質摂取量が多い日本ならではの食事からのアンチエイジングが必要になると思います。この章では、これ以外にもアンチエイジングに効果的な食事法についていろいろ紹介していきます。

日本人が若返る食事術

「抗酸化サラダ」で体の中から若返る

まずは酸化を防ぐ、抗酸化作用のある食品についてお話しします。

老化を促進させる活性酸素にも、人にたとえれば「大悪人」と「小悪人」がいます。毒が強い順に紹介すると、がんの元にもなると言われる強い毒性があるものが「ヒドロキシルラジカル」、中程度の毒性があるのが「スーパーオキサイド」、弱い毒性なのが「過酸化水素」です。

最も極悪な毒素で、細胞を傷つける強力なパワーを持つ「ヒドロキシルラジカル」を消去するスカベンジャーの1つがグルタチオンという酵素です。

グルタチオンは、グルタミン酸、システイン、グリシンの3つのアミノ酸からできており、これら3つのアミノ酸がくっついているだけの、非常に単純な構成ながら、抗酸化作用はとても強いものです。

アンチエイジングにおいては、これら3つのアミノ酸の中でも、とくにシステインの働きがとても大事です。

システインが多く含まれる食品の代表は玉ねぎ、にんにく、くるみです。

これはどのような食べ方でとっていただいてもいいのですが、一度に手っ取り早くとれるのが、**ドレッシング**にすることです。

玉ねぎとにんにくをすりおろし、油（できれば亜麻仁油やエゴマ油などオメガ3系のものだとベターですが、オリーブオイルでも可）としょうゆを加えて混ぜればでき上がり。

もし少し甘みが欲しければエリスリトールを加えるといいでしょう。これをサラダにかけ、その上に砕いたくるみを入れれば**抗酸化サラダ**の完成です。

あるいは玉ねぎのスライスに、炒めたにんにくのスライスを添え、しょうゆとかつお節で和えれば、ちょっとした**オニオンスライスのおつまみ**になって最高です。

日本人が若返る食事術

「パーン」と張った肌を手に入れるなら「鶏肉の水炊き」

強い抗酸化作用があるグルタチオンを構成する3つのアミノ酸の1つ、グリシンもぜひとっておきたい栄養素です。

グリシンといえば、第2章で睡眠の質も高める作用があると紹介しましたが、グリシンには「ぐっすり眠れる」「朝起きたときに疲れが残らず目覚めがいい」などの作用があることがわかっています。**質のいい睡眠はアンチエイジングにも効果が高く、抗酸化と合わせ、ダブルの意味でアンチエイジングが期待できます。**

グリシンは具体的には、細胞保護作用、免疫反応、成長・発達、代謝など、人の生存にかかわる多くの機能に影響をもたらします。ちなみに体内に存在するアミノ酸のうち、11・5％はグリシン由来です。**また、体内にあるグリシンのうち80％が、たんぱく質の合成に使われます。**となれば、アンチエイジングのためには積極的に取り入れなければなりません。

繊維状のたんぱく質であるコラーゲンの成分も、うち3分の1がグリシンで、これは体内のあらゆるものに柔軟性をもたらします。ですから第2章で紹介したように、**牛すじ**や**骨付き肉のスープ**、**魚の皮**など、まずはコラーゲンを含むものを積極的にとりましょう。

日本人（女性）がどれくらい食事からコラーゲンを摂取しているかを報告したデータによると、1日あたり平均1・9gで、主に肉類から摂取していました。主食別では、米を主食とした副食の品数の多い食事ほど、コラーゲンの含有量が多く、パン類、麺類を主食とした食事は、コラーゲンが少ないことがわかっています。

よく「コラーゲンは食べても意味がない」「食べてもアンチエイジング効果はない」と言われますが、コラーゲンは、含まれるアミノ酸の3分の1がグリシンという特徴的なアミノ酸組成をしており、コラーゲンを食事から摂取することによって、体内でのコラーゲン合成に必要なグリシンが大量に供給されることになります。

コラーゲンの組成には、普通のたんぱく質の合成過程と異なり複雑な過程が必要です。

まず細胞内でコラーゲン繊維がつくられます。そして細胞から放出されたコラーゲン繊維が細胞の外で架橋をつくり束ねられます。このようにコラーゲンは、細胞外で完成される特異的なたんぱく質なのです。

コラーゲンの基本的な構造となるコラーゲン繊維をつくるには、ビタミンCと鉄が必須で、これが不足するとコラーゲンの合成は著しく低下します。

ビタミンCの欠乏である壊血病も、ビタミンCの不足によってコラーゲン合成が低下し本来であれば弾力のある血管壁がもろくなり出血しやすくなる病気です。鉄の不足が進むとちょっとした外力であざができますが、これも鉄の不足によってコラーゲン合成が阻害され血管壁がもろくなったために起こる変化であると考えられています。

つまりいつまでも若々しい張りのある肌をつくり、骨を丈夫な状態に保つためにはコラーゲンをただ食べればいいということではないということです。**私たちの細胞一つひとつで合成されるコラーゲンの量を十分に保つためには、コラーゲンを食べるだけではなく、鉄やビタミンCなども十分量確保しておくことが重要**だということです。それには**骨付き鶏肉の水炊き**や**レモンをかけたスペアリブ**、**ボルシチ**などがおすすめです。

日本人が若返る食事術

シミをなかったことにするなら「ビタミンC」より「赤身肉とレバー」

「なんとなく顔がくすんでいる」「顔色が悪い」「最近シミが増えてきた」。

こんな悩みを持っている人は、おそらく**鉄分**が足りていません。クリニックでは、必ず詳しい血液検査を行いますが、その結果、多くの人が鉄不足であることがわかります。**女性に限って言えば、ほぼ全員が鉄不足**と言っていいでしょう。

後の章でもお話ししますが、鉄不足はさまざまな不調の原因になり、**美容の面からお話しすると、鉄不足の人には、シミが多いのです。**

シミも活性酸素によってでき、皮下の活性酸素が増えるとシミができます。

たとえば紫外線を浴びることもそうです。紫外線には人間にとって有害な波長が含まれており、皮膚では活性酸素が常につくられています。さらにはこの活性酸素のダメージから体を守るために、メラノサイトという細胞からメラニン色素をつくります。メラニン色素はシミの原因とされていますが、もとは活性酸素から体を守る役目があります。でも、このメラニン色素も増えすぎるとシミになってしまうので、シミやくすみ顔を予防するには、活性酸素を除去しなければなりません。

活性酸素の1つである過酸化水素は、毒性は弱いものの、体内に存在する時間が長いため、体にじわじわとダメージを与えます。

過酸化水素は、カタラーゼとペルオキシターゼという酵素が消去してくれますが、これらが働くためには、鉄が必要です。だから、**鉄不足になるとシミができやすく、色素沈着が起きやすい**のです。

よく女性が出産後に「急にシミが増えた」と言いますが、これも出産によって鉄不足が起きているからです。また、ダイエットで肉を控える日本人も同じく鉄が不足しがちです。肉は効率よく鉄分を摂取できる食材なので、減らしすぎないようにすることです。

シミをなくしたいなら、ビタミンCより断然、鉄分です。それも動物性たんぱく質が最高です。ですから食事には、**赤身肉**や**レバー**を積極的に取り入れるようにしてください。

日本人が若返る食事術

シワを予防するなら「鮭」「いくら」

シミだけでなくシワも、できることならなかったことにしたいですね。

紫外線によってできる活性酸素は過酸化水素だけではありません。一重項酸素もその1つで、これは酸化の活性がとても強く、**皮膚の奥深い真皮にあるコラーゲン**を酸化させ、分解してしまいます。コラーゲンは言うまでもなく肌のハリに関わるたんぱく質ですから、一重項酸素によってコラーゲンが酸化分解されると、シワになってしまいます。

これを防いでくれるのが、**アスタキサンチン**です。最近、多くの化粧品にも配合されていますが、アスタキサンチンは、産卵のために生まれた川に戻る母川回帰性がある魚、**たとえば日本人が好む鮭、エビ、いくらや筋子など赤い色が濃い魚介類に多く含まれます。**アスタキサンチンは産卵に向けて長い旅を乗り切るための、栄養源の役割を果たしており、強い抗酸化作用を持つことからシワを防いでくれるのです。

日本人が若返る食事術

「焦げたもの」より「揚げたもの」に注意する

抗酸化力が高い食品を食べるときは、その食品をどのようにとるかも重要です。食べるときに注意してほしいのが**脂質のとり方**です。

私たちの体内に60兆ある細胞を包んでいる細胞膜。その主な成分は脂質です。**ですからとるべき食品をどんな油とともにとるかは、とても重要です。**

もっとも危険と言われているのが**トランス脂肪酸**です。

トランス脂肪酸はその構造から人工的につくられた油に多く含まれ、活性酸素と結びつきやすく、アンチエイジングのみならず、動脈硬化などさまざまな病気の原因となることがわかっています。

トランス脂肪酸は、**マーガリン**や**スナック菓子**、**クッキー**、**アイスクリーム**、**ドレッシ**

ング、**コーヒーフレッシュ**、**パン**、**レトルト食品**などあらゆる加工食品に含まれます。多くの加工食品の原材料名には**「ショートニング」**と書かれているものが多いですが、トランス脂肪酸はショートニングにも含まれます。ですから買い物をするときは、商品を裏返し、食品表示を見ながら選ぶといいと思います。

アメリカでは2018年6月から、トランス脂肪酸を含む油脂を食品に添加することは禁止になっています。**一方、日本では、とくに規制はされていません。**最近では日本でも、自主的にトランス脂肪酸を減らしたり、使用をやめたりするメーカーも出てきましたが、まだまだ欧米に比べて遅れています。使用を「減らす」程度では、害を防ぐことはできません。

ちなみに**コーヒーフレッシュ**は生クリームの代用として開発され、その安さと便利さで一気に普及しましたが、**中に牛乳はまったく含まれず、水と油と添加物でできています。**ですから私はコーヒーには決して入れません。

ただ、どんなにいい油でも、時間が経つと必ず「酸化」するということは知っておくようにしてください。酸化した油は、体全体の酸化を促進してしまいます。

時間が経った油の代表と言えるのが**揚げ物**です。

とくに**ポテトチップス**や**スナック類**、そして**油を使いまわして使っているスーパーの惣菜の揚げ物**、**から揚げ**や**コロッケ**、あるいは揚げてから加工している**冷凍食品**にも要注意です。

日本人はから揚げ、天ぷら、フライなど揚げ物好きが多くいます。そういう人は食べるならぜひ、いい油で揚げたものをすぐ（酸化しないうちに）食べるようにしてください。

一度加熱して冷ました油をまた加熱すると、急激に酸化が進むため、家庭で揚げ物をするときもできるだけ、揚げ物料理をつくるたびに油を変え、揚げたらすぐ食べるようにしましょう。**焦げたものを食べるより、悪い油で揚げた時間が経った揚げ物を食べる方が老化を早めると言えるほどです。**

ただ現実問題として、酸化した油を一切口にしないことは不可能かもしれません。そこでそのようなときは、これまで紹介したような、抗酸化力の高い食品を同時にとるよう、心がけるといいでしょう。

日本人が若返る食事術

ごはんを食べるなら「炊きたて」よりも「冷やごはん」

糖化を防ぎシミやシワをなくすには、糖質をとらないことがいちばんです。ただそうは言っても糖化を防ぐためだけに、厳しい糖質制限ができる人は少ないと思います。

甘いものと同じくらい、糖質制限しにくいのがお米です。

日本人の主食に欠かせないお米は、「まったく食べるな」と言うわけにはいかないもの の1つです。そうであるならせめてお米を食べるときは、**血糖値を上げにくい食べ方をすることで、糖化の促進をおさえたい**ところです。

そこでここでは糖質制限を専門にしている管理栄養士の大柳珠美さんからアドバイスを受けたお米の選び方、食べ方の中から、私がアレンジしたものを紹介しましょう。白いごはんが大好きでやめられないという人は、以下の工夫をしてみてください。

①冷やごはんで食べる

お米を食べるときには、炊きたてではなく、いったん冷ましてから食べるとお米のでんぷんの構造が変わり、血糖値を上げにくく体に吸収されにくくなります。冷蔵庫でしっかり冷やしてから常温に戻しても同じ効果が得られます。一方、レンジであたためるとこの特性は失われ、血糖値の上昇は早くなります。

②コシヒカリよりもササニシキを選ぶ

もちもちしたお米の方が血糖値が上がりやすいため、冷めても〝もちもち〟のお米はできるだけ避けるのがおすすめです。たとえばコシヒカリよりササニシキ、もち米よりタイ米の方が粘りが少ないため、血糖値を上げにくいと言えます。コンビニなどで売られるおにぎりやお弁当のお米は、冷めてももちもちするよう品種改良されているので要注意です。

③チャーハンにして食べる

白いごはんをチャーハンにして食べるとカロリーは高くなりますが、油でコーティングされる分、血糖値が上がりにくくなるので、同量を食べるならチャーハンがおすすめです。

日本人が若返る食事術

「若返りホルモン」を手に入れたければ「とろろ」が最強

ホルモンはわかっているだけで100種類程度あると言われていますが、血糖値を下げる役割をするインスリンと、抗ストレスホルモンと呼ばれるコルチゾールは、加齢による変化が少ないホルモンと言われます。なぜなら生命の根幹に関わるホルモンだからです。

一方、性ホルモンなどは加齢によって濃度が減少してしまいます。そのため、「アンチエイジングにはホルモンの補充をする」という考えがあり、更年期障害の対策として、**女性は女性ホルモンのエストロゲン**を、**男性は男性ホルモンのテストステロン**を補充するという治療もあります。たしかにこうした治療によって元気にはなるかもしれません。しかし治療をいつまで続けるのかを考えると、それよりも、**年相応に性ホルモンを分泌できる体にする**ほうが自然であると考えます。

アンチエイジングに欠かせないホルモンがあります。それがDHEA（デヒドロエピアンドロステロン）です。DHEAは別名**若返りホルモン**と呼ばれています。

この若返りホルモン（DHEA）は、思春期に急激に増加し、20歳ごろをピークに徐々に減少、70歳ではピーク時の20％、80～90歳で5％程度になってしまいます。

一般的にはピーク時の数値は250～300μg／dℓであるのですが、なんと私のクリニックの患者さんで、今も現役で元気に活動している90歳の方の数値を調べてみたら、250μg／dℓあって驚いたことがありました。この数値は長生きだから高いというわけではなく、**見た目が若々しく元気でいる人ほど、数値が高い**のが特徴です。

DHEAの働きは以下の通りで、アンチエイジングそのものです。

- **ストレスを緩和し、やる気を向上させる**
- **アルツハイマー病を予防、改善する**
- **不妊症を改善する**
- **性的欲求を高める**

- **免疫力を高めて炎症を抑え、腫瘍を予防する**
- **インスリンの働きを助け、糖尿病を予防する**
- **筋力を維持し、代謝を高めて体脂肪を減らす**
- **動脈硬化を予防する**
- **脂質異常症を予防する**

この若返りホルモン（DHEA）はどうしたら増えるのでしょうか。

もっとも効果的なのは、**ヤムイモ**をとることです。

「ヤムイモ？　なんだそれ？」と思われた方も多いと思います。ヤムイモとは、ヤマノイモ科ヤマノイモ属のイモです。

これになじみがない方も安心してください。**自然薯**や**長芋**もヤムイモの一種なので、ぜひ**とろろ**を食べるようにしてください。欧米人はネバネバした食品を食べませんから、DHEAはサプリでとるのが一般的ですが、**とろろは、日本人にとてもなじみのある食材なので、ぜひそのまますって、直接とることをおすすめします。**

ちなみに若返りホルモン（DHEA）の基準値は、日本人より欧米人の方が高いのですが、これはサプリのおかげではありません。欧米人の方がホルモンの材料となるコレステロール値が高いので、彼らは自分の体内で若返りホルモン（DHEA）を産生できるのです。でも日本人は欧米人と異なる体質を持っており、食べ物から補う必要があるわけです。

これは次の章でも詳しくお話ししますが、**若返りホルモン（DHEA）もストレスを感じるとどんどん産生できなくなります。**遺伝的に若返りホルモン（DHEA）を自分で産出でき、かつストレスを感じにくい欧米人は、必要以上に若返りホルモン（DHEA）を減らさずに済む一方、日本人は若返りホルモン（DHEA）を食べ物から補充しなければなりません。ですからとろろのような食材を積極的にとることは、われわれにとってとても効果的だと言えます。

若返りホルモン（DHEA）を増やすには、運動も効果的です。

中でも下半身の筋肉を活用した、軽い負荷がかかる程度の運動がいいと言われています。たとえば**「毎日、歯磨きをしながら軽くスクワットをする」**のはどうでしょう。習慣化してしまえば、少なくとも朝晩2回は若返りホルモン（DHEA）を増やすチャンスが手に入ります。

日本人が若返る食事術

会社帰りの「焼き鳥屋」は若返りにも最高

先述した通り、若返りホルモン（DHEA）は、ストレスが高ければ高いほど分泌されなくなってしまいます。つまり、**どんなに気をつけていても、ストレスが高い人は、老けてしまうのです。**

古来からストレスとは、私たちの命を脅かすものでした。ですから私たちの体はストレスから身を守ることが、何よりも優先されます。

私たちは生存を脅かされると、もはや男性も女性もなく、性ホルモンの材料である若返りホルモンを産生している場合でもなくなります。私たちの体はストレスの中にあると、若返りホルモンを犠牲にしてもストレスに抵抗します。だから老けてしまうのです。

若返りホルモン（DHEA）の産生を減らさない方法は2つあります。

1つ目は、副腎を休めることです。そのためには副腎がフル稼働しなくても済むよう、ストレスをなるべく回避することです。2つ目は、**副腎に必要な栄養素を摂取すること**です。このときの栄養素とは、第2章でお話しした**ビタミンC**と**亜鉛**。そしてもう1つ大切な栄養素が**パントテン酸**です。パントテン酸はビタミンB群の一種で、ストレスを和らげる働きがあります。

パントテン酸を多く含む食品は、**鶏ささみ**や**鶏レバー**、**豚レバー**、**干ししいたけ**、**アボカド**などです。若返りホルモン（DHEA）を直接とるならところですが、このホルモンの産生を減らさないためにはパントテン酸をとることも望ましいとされています。

そうなると**ストレス解消、ひいては若返りのために仕事帰りに日本人の定番である「焼き鳥屋」に行くことは、理にかなっている**と言えそうです。ストレスがかかっているときはナトリウムも補充したほうがいいので、**焼き鳥は「甘いタレ」よりシンプルな「塩」を選びましょう。**ただしパントテン酸は水溶性で熱に弱いため、生で食べられるものはそのまま食べたほうがベターです。たとえばアボカドなどは、サラダにしたりマリネにしたりして、生のままとるようにしてください。

日本人が若返る食事術

不定愁訴があるなら「半熟卵」「半生の目玉焼き」

日本でいちばん誤解の多い栄養素といえば、コレステロールではないでしょうか。

コレステロール値が高いと悪い、低ければいいと思われがちですが実は違います。

コレステロールはホルモンの材料になります。若返りホルモン（DHEA）などの性ホルモンや抗ストレスホルモンであるコルチゾールの材料もコレステロールです。私たちの体の中にある60兆個の細胞1つひとつを包んでいる細胞膜の材料もコレステロールです。

ですから、**更年期の女性はとくに、コレステロール値が低いほうが問題**です。

コレステロール値が適正であれば、女性ホルモンを合成する能力が上がりますし、逆に下げてしまうと、かえって不定愁訴が増えてしまうかもしれません。

男性もコレステロールは適正な量を保つことが重要です。

男性ホルモンもコレステロールがその材料である、というのが理由の1つですが、実は男女とも**コレステロール値が低いとがんの発症リスクが高まるとともに、自殺する方々にコレステロール値が低い傾向があることが以前から知られているのもその理由です。**

詳しくは第5章でお話ししますが、**高コレステロールの人ほど元気で長生きです。**ですからコレステロール値の高さをむやみに恐れる必要はありません。

コレステロール値を上げないようにと、卵や肉を避けたり、少量しか食べなかったりする人もいますがこれは逆効果です。**卵は1日2〜3個とっても、何の問題もありません。**ただし、これはすべての食品に言えるのですが、毎日食べると遅延性のアレルギーが起きる場合がありますので、どんなに体にいいものも、**週に2日は食べない日をつくることでアレルギーを避けるようにしてください。**卵の食べ方のポイントは「茹で過ぎない、焼き過ぎない」です。加熱すると卵はたんぱく質の有効量が落ちるため、**ゆで卵なら半熟、目玉焼きなら白身が少し濁る程度で黄身は半生状態**と覚えてください。

日本人が若返る食事術

更年期障害には「納豆みそ汁」

「更年期障害にはイソフラボンがいい」。

イソフラボンは大豆などに含まれるポリフェノールの一種で、女性の更年期対策として有名です。その理由は、イソフラボンが女性ホルモンであるエストロゲンと似た構造を持っているためです。これは男性にも効果があるのですが、それは次項に譲り、ここではまず女性への効果をお話しします。

イソフラボンの素晴らしいところは、エストロゲンの分泌量が多い人も少ない人も、ちょうどいいバランスに整えてくれるところです。たとえばエストロゲンが不足したら、エストロゲンと似た作用をしてくれますし、逆にエストロゲンが過剰になったら、その作用を減らしてくれるのです。

ですから**エストロゲンが過剰になって起こる月経前症候群の人も、エストロゲンが不足**

している更年期障害の人も、イソフラボンを積極的にとっていいのです。

乳がんの人はイソフラボンをとるとリスクが上がるから、とってはいけないと言われます。ところがホルモン感受性陽性の乳がんであっても、大豆製品を多くとった方が再発が少ないという報告もあり疑問を感じます。


体内に入ったイソフラボンは、「エクオール」という物質に変換されて女性ホルモンのエストロゲンと似た働きをするのですが、エクオールに変換できない人が、日本人の約半数いるということで、最近エクオールの入ったサプリメントが多く販売されるようになりました。エクオールに変換できるのは、その人がもともと持っている腸内細菌による、と言われることからこのサプリメントが出てきたのですが、これは厳密には疑問です。

エクオールがつくれないと言われる体質の人でも、多めにイソフラボンをとればこれは解決できます。たとえばイソフラボンが多く含まれている納豆や豆腐、味噌、豆乳などを意識して多めにとればいいということです。納豆みそ汁などは、とても効率的にとれますね。

日本人が若返る食事術

薄毛・抜け毛にも「納豆」が効く

イソフラボンは、女性だけに効果があるわけではありません。

実は、男性のアンチエイジングにも効果的です。

中年以降の男性のアンチエイジングの悩みの1つといえば、**薄毛**、**抜け毛**ではないでしょうか。２００９年にボランティアの被験者29人を使った大豆イソフラボンサプリメントの投与実験が日本で行われました。すると3カ月後、なんと被験者全員の血清中のＤＨＴ（ジヒドロテストステロン）という男性ホルモンの濃度が下がるという結果が出ました。

ＤＨＴとは男性の薄毛、抜け毛の原因と言われているホルモンです。薄毛、抜け毛を改善するにはＤＨＴを抑制する必要があるわけですが、この実験結果から、**イソフラボンには薄毛、抜け毛を抑制する効果があることがわかった**というわけです。

ちなみにＤＨＴは、前立腺肥大のリスクも上げるので、**イソフラボンは前立腺細胞、前**

立腺がん細胞の増殖を抑制する作用もあるわけです。

ところでＤＨＴはどうやって産生されるのでしょうか。

ＤＨＴは、男性ホルモンであるテストステロンが５‐αリダクターゼという酵素によって変換されてできる、極めて強力な男性ホルモンです。

この５‐αリダクターゼを阻害するのが、イソフラボンです。

つまり強力な男性ホルモンであるＤＨＴが、薄毛や前立腺のトラブルの原因であるわけですが、裏を返せば、加齢によって男性ホルモンが減少するのに抵抗して、体が男性化を残そうと頑張るからこそ、ＤＨＴを産生します。しかしそれが薄毛や前立腺のトラブルにつながることになるわけですから皮肉ですね。そう考えると、「サザエさん」の波平さんは、男性ホルモンが強い人なのかもしれません（笑）。

ですから男性も、アンチエイジングを考えるなら、納豆などの大豆製品を積極的に食べましょう。薄毛が進行してしまうと、元に戻したり進行を止めたりするのはなかなか大変です。できれば進行する前に、積極的にとるようにしてください。

日本人が若返る食事術

「朝勃ち」がなくなったらセックスミネラル満載「レバー」「カキ」

「ところで朝勃ちしていますか?」

クリニックを訪れる男性患者さんに、このような質問をすることがあります。なぜなら朝勃ちが、男性の体調や心の状態を知る重要なポイントだからです。

ストレスが高い人では、30代でも朝勃ちしない人は珍しくありません。

ストレスがかかると、一気に男性ホルモンが下がるからです。

逆に、元気な男性なら70代でも朝勃ちします。

男性機能に重要なのが、先ほどから何度も登場しているイソフラボン、そして亜鉛です。

亜鉛は前立腺に存在するとともに、とくに精子の生成に必要な栄養素であることから、別名「セックスミネラル」とも呼ばれています。

亜鉛については、摂取する量の多少よりも、その「不足」が問題になっています。

亜鉛不足に陥る大きな理由は、加工食品に偏った食生活にあります。

忙しいからとインスタントやレトルト食品、冷凍食品ばかり食べたり、スナック菓子が大好きという人は要注意です。亜鉛は加工食品にはほとんど含まれないため、加工食品に頼った食生活を送っている人は、摂取量が極めて少ないか、ゼロかもしれません。

亜鉛はアルコールを分解するときにも使われるので、お酒を飲む人は、より亜鉛不足になりがちです（逆に言えばお酒を飲んだ翌朝に朝勃ちする人は、かなり元気な証拠です）。

亜鉛は**赤身肉**や**レバー**など鉄分を多く含む食品に含まれています。また、**カキ**や**ホタテ貝柱**、**サバ**、**サケ**、**タコ**、**アサリ**、**アーモンド**や**煮干し**などにも含まれています。

日本人男性は諸外国の男性に比べて、性に対して淡白で、パートナーともセックスレスが多いことは、よく知られています。これは食事の面というよりも、日本人の精神性やストレスの高さ、多忙さなどさまざまな要因があるため、その原因は一概には言えません。

ただ、少なくとも**体が元気で栄養が満ち足りていてパワフルな男性なら、セックスレスにはなりにくい**のではないでしょうか。セックスにつなげるかどうかは別としても、朝勃ちが減ってきたら、食事を見直す目安かもしれません。

亜鉛不足チェックリスト

- □ 肉、魚介類をあまり食べない
- □ スナック菓子やインスタント食品をよく食べる
- □ 昼食は手軽なうどんやそばなどの単品で済ませている
- □ アルコールをよく飲む
- □ たばこを吸っている
- □ 激しい運動をしている
- □ 深夜に帰宅してから食事をとることが多い
- □ 飲んだ後のシメのラーメンは欠かせない

※３項目以上当てはまったら、亜鉛不足の可能性があります。

日本人が若返る食事術

不妊に悩んでいるなら精子を増やす「ツナ缶」

不妊に悩むカップルが増えています。

不妊の原因は不明なことも多いのですが、いざ不妊治療をするとなるとその負担の多くは女性側にかかってきます。

しかし実際には、男性側に原因があることも少なくありません。

調べてみたら「精子の数が少ない」「精子の運動率が悪い」「精子の奇形率が高い」などの理由で妊娠しにくくなっているケースもあります。これは男性にとっては、非常にショックなことかもしれません。ここではこの**男性不妊**についてお伝えしていきます。

精子を元気にさせたいときは、亜鉛やＤＨＡ（ドコサヘキサエン酸）、Ｌ-アルギニンをとるのが有効です。実際、これらの栄養素が不足しているときの精子と、十分とった後の精子とでは数や運動率が別人のようになり、精子の奇形も減ることがわかっています。

DHAがとれるのは、なんといっても魚（青魚）です。

青魚の**アジ**、**イワシ**、**サバ**などがおすすめで、朝食や夕食に**アジの開き**や**サバ焼き**、あるいは**ブリの照り焼き**などを取り入れるのはどうでしょう。これらには血液サラサラ効果もあり、中性脂肪を下げる効果もあります。あるいはもっと手軽な**ツナ缶**などもおすすめです。

L‐アルギニンはたんぱく質をつくるアミノ酸の一種ですが、これには血管を膨張させる作用があり、亜鉛やDHA同様、**精子の量を増やす効果が期待できるとともに、性欲減退の解消にも効果があります。**L‐アルギニンは、たんぱく質を多く含む**肉類**、**卵**、**魚介類**、**豆類**はもちろん、とくに**豚肉のゼラチン部**に豊富に含まれています。

先の「亜鉛不足チェックリスト」を見ても明らかなように、働く男性の典型的な食事パターンのままでは、栄養不足から妊娠を遠ざけてしまいます。

日常生活の中ではできるだけ手づくりのものを食べ、肉や魚を中心とした高たんぱくの食事をとり、糖質を少なめにするのがポイントです。

日本人が若返る食事術

老眼・無関心に効果あり「サバ水煮缶」「アジの開き」

「夕方になると細かい字が読みにくくなる」。

「年をとったら何にも興味がなくなった」。

こんな経験はないでしょうか。

DHAは老眼や脳のアンチエイジング（認知能力アップ）にも効果があります。

この章の最後に参考までに、私が行っている**オーソモレキュラー療法**について少しお話しさせてください。

オーソモレキュラーとは、身体の中の分子（栄養素）の濃度を最適な状態に保つことで身体の機能を向上させ、病態の改善をする治療法のことです。つまり**身体の中の分子（栄養素）レベルで起こっているトラブルを、食事や栄養によって改善する治療法**です。

本書で私が行っているアドバイスは、すべてこのオーソモレキュラーに基づいていますが、オーソモレキュラーの基本の考え方に、**「ターゲットとする栄養素を補充すると、その栄養素を多く含む臓器の機能がまず改善する」**というものがあります。たとえばビタミンCはストレスによって大量に消費されますので、ビタミンCを補充すると、これはビタミンCをいちばん多く含む「副腎」に入っていき、ストレスに対抗しようとするわけです。

同様に、DHAは、眼と脳に大量に含まれています。
ですから**DHAを補充すると、眼と脳の機能がまっ先に改善される**というわけです。
DHAとセットで、魚の油に多く含まれる栄養素にEPA（エイコサペンタエン酸）がありますが、この2つの栄養素は非常によく似ています。ただ決定的に違うところが1つだけあります。それはDHAだけが血液脳関門を通過できるということです。

血液脳関門とは、脳のバリアのようなもので、この脳のバリアを通過できるものと、できないものがあります。DHAはここを通過し、ダイレクトに脳や目に到達できるので、直接的に眼と脳の機能が改善されるというわけです。

ＤＨＡはＥＰＡからつくられるので、これまでは「ＥＰＡをとっていれば、ＤＨＡに変換される」と考えられていました。しかし最近の研究では、どうやら脳に含まれているＤＨＡはほぼ食物由来であることがわかり、ＤＨＡを脳に届けるためには、ＥＰＡをとっても意味がなく、ＤＨＡを食べ物から単独でとらなければならないことがわかってきました。

そこで実験的に、ご高齢のクリニックの患者さんに**意識的にＤＨＡをとってもらってみたところ、今までは毎日、テレビを見るばかりだったのに、急に本を読むようになったり、外に出かけるようになったりしたといいます。**さらには**視力がよくなったり**、**夕方老眼鏡をかけなくても小さい字が見えるようになった**という報告もありました。

前項で紹介した通り、ＤＨＡは青魚に多く含まれていますが、「毎日魚料理はイヤだ」「魚料理は面倒くさい」という人もいるでしょう。そのような人は、今、人気の**サバの水煮缶**を活用するのはどうでしょう。サバの水煮缶を使ったレシピは豊富にあります。**野菜と和えてサラダ**に、**ホールトマト缶を使ってトマト煮**に、**炒め物**にと、応用もいろいろできます。缶詰を開けるだけですから調理もとても簡単です。「老眼になった」「何事にも無関心になった」という人は、これを積極的にとることで効果を実感してください。

第4章

日本人の「心」に効く食事

「メンタル離職」が激増している日本

日本は現役で働いているビジネスパーソンに「うつ」の方が増えています。

最近はこれで離職する人も多く**「メンタル離職」**などと言われます。日本の企業が今、最も重視する疾病は、糖尿病でも高血圧でもがんでもなく、**圧倒的にメンタルヘルス**です。実際、日本における気分（感情）障害の患者数は増え続け、最も多いボリュームゾーンは男女ともに30〜40代にあります。ちなみに**女性の場合は、60〜70代で再びこの数が増えるというのが特徴で、その数は、生活習慣病をはるかに超えています。**

２０１５年の12月から、厚労省は50人以上の労働者がいる会社に、**ストレスチェック**の実施を義務づけており、高ストレス者は本人の希望により、産業医などの面接指導を受けることができるようになりました。しかしその努力もむなしく、**うつ病などのメンタルの**

不調で会社を休職した社員の42・3%が、休職制度の利用中や職場復帰後に退職しているという調査結果があります（独立行政法人「労働政策研究・研修機構」2014年3月）。あわせて精神障害によって労災申請する人も右肩上がりで、たとえば**パワハラ**はその典型です。言うまでもなく今やこうしたメンタルの問題で休職、離職するのは社会問題となっており、国をあげて取り組まなければならない大問題です。

カウンセリングを受けたり、産業医にかかったりするのもいいですが、メンタルの問題を食べ物で改善できたらいいと思いませんか？

私はこれまで、うつをはじめとして心の不調を訴える人々を、薬を使わず栄養素を使って治療してきました。そして実際、多くの患者さんに著しい改善が見られています。

私がオーソモレキュラー療法専門のクリニックを開いた当初は**「うつが栄養で良くなる」**と言っても、なかなか理解してもらえませんでした。しかし最近では、自分の体に入れるもの（食べるもの）と、脳（心）の関係が広く理解されてきたのを実感します。

体に不足している栄養を補うこと、自分が何を食べるかで精神症状（もちろん身体症状も）が改善していくことを、ぜひ読者のみなさんにも体験していただきたいと思います。

「たんぱく質不足」がうつの原因

私たちの体はそのほとんどがたんぱく質でできています。

髪、皮膚、筋肉、骨、歯、爪はもちろん、ホルモンや酵素、免疫にかかわる抗体でさえその材料はたんぱく質です。

あるいは、脳内神経伝達物質をつくる大元の栄養素もたんぱく質であることは、これまでお話ししてきた通りです。**脳（心）も、たんぱく質が必要だということです。**

ところが、たんぱく質がさまざまな脳内神経伝達物質の合成に関わっているからこそ、メンタルに表れる特徴的な症状が乏しく、その不足に気がつきにくいという面があります。

実際、**クリニックにうつ症状を訴えて訪れる人の食生活を聞くと、ほとんどの人がたんぱく質不足に陥っています。**

1日に必要なたんぱく質の量は、体重1kgあたり、1〜1・5gです。

つまり体重が60kgの人なら、1日60〜90g必要というわけです。

ちなみに**生卵1個に含まれるたんぱく質は6・5g、牛肉100gには20g**です。ただし、牛肉100gをとったからといって、たんぱく質20gが、フルでとれるわけではありません。次にご説明しますが、どのくらいのアミノ酸がその食品の中に含まれているかを考えてとらなければなりません（この値の基準を「プロテインスコア」と言います）。

代表的なプロテインスコアは、卵が100、牛肉が80、豆腐が51、大豆が56、アジが89などです。たとえば卵の場合、プロテインスコアは100なので、含まれているたんぱく質の量がそのままとれますが、牛肉のプロテインスコアは80なので、牛肉100gをとっても、たんぱく質20g×0・8＝16gに減ってしまうという計算です。しかもこれは〝生〟でとった場合の数値で、加熱すればたんぱく質の摂取量は減少します。

毎日必要量のたんぱく質をとることがいかに難しいか、おわかりいただけたでしょうか。

ちなみにたんぱく質は日々消費されるため、貯めておくことができません。

たんぱく質はさまざまな食品に含まれていますので、心の健康のためには偏らず、いろいろな種類の食べ物を毎日バランスよくとることが大切です。

なぜうつになってしまうのか、その理由はまだ明確にはわかっていませんが、1つだけ明らかになっていることがあります。それが**セロトニンの不足**です。

セロトニンは気持ちをしずめ、落ち着かせる作用がある脳内神経伝達物質の1つですが、その90%が腸に存在しています。腸にセロトニンが不足すると下痢や便秘になるなど、腸の状態も悪くなります。

セロトニンの合成量は人種による違いはあまりありませんが、**男女差は明確**です。男性は女性の1・5倍あり、圧倒的に女性に不足していると言えるのです。**そのため、セロトニン不足でうつになりやすいのはその多くが女性です。**ただうつはさまざまな原因でなりうるので、患者さんと接している実感としては、数としての男女差はあまり感じません。

セロトニンが不足すると不安や抑うつ症状が出てきます。セロトニンはトリプトファンというアミノ酸を材料に脳でつくられるので、〝材料〟であるこのトリプトファンが足りないと、セロトニンはつくられません。トリプトファンは、体の中で自動的につくられないので、食べ物（たんぱく質）から摂取することになります。つまり**うつを予防するには、結局のところ、やはりたんぱく質をとることが最優先**だということです。

日本人の「うつ体質」は食事で治る

セロトニンの遺伝子の特徴については、日米で大きく違うことがわかっています。

日本人は穏やかでおとなしい国民と言われますが、アメリカ人は積極的で自主的であると言われます。これを表すものが、セロトニンの輸送体遺伝子多型の差です（次図参照）。

セロトニンを運ぶ輸送体には遺伝子多型があり、アメリカ人に多いのは「ＬＬ型」と「ＬＳ型」になります。どちらも積極的で自主性があり、あっけらかんとした明るいタイプです。

一方、日本人の多くは、「ＳＳ型」です。**「ＳＳ型」は従順で消極的、何事にも不安を感じやすいタイプ**です。おとなしいため、横並びで安心する性格だとも言えます。日本人はこのＳＳ型タイプが、実に**68・2％**もいます。

セロトニンの遺伝子の日米の違い

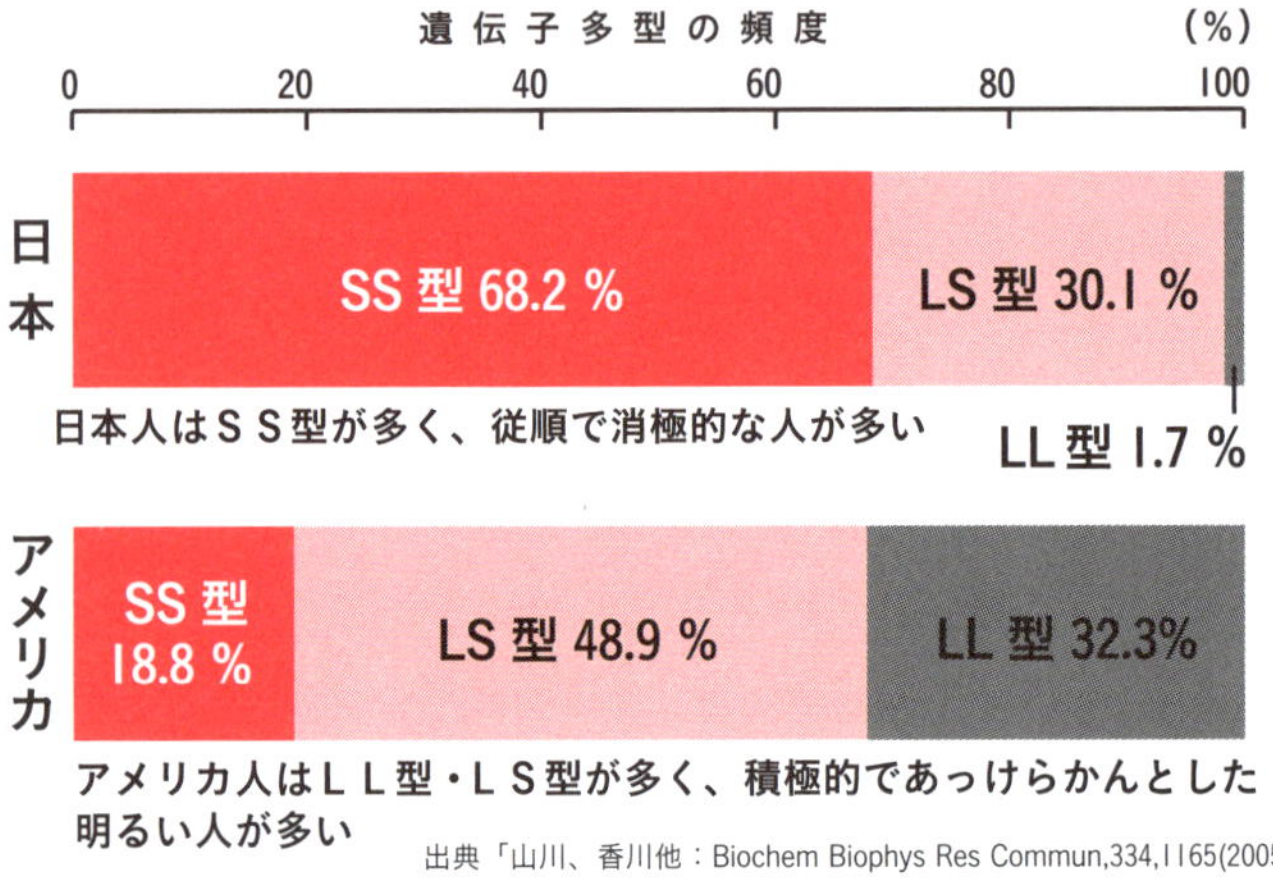

出典「山川、香川他：Biochem Biophys Res Commun,334,1165(2005)」

これだけの差があるということを、まず知っておく必要があるでしょう。

その約7割が不安を感じやすく内向的な日本人は、セロトニンの分泌が下がると、心の問題を生じやすい体質を持っていることになります。

遺伝子は変えることができませんので、セロトニンそのものをどうにかすることはできません。ですから日本人がうつを防ぐには、たんぱく質からトリプトファンをとり、これをセロトニンに変えるしかありません。そうであるなら、体に入れる食べ物に気を配り、「食べ物から心を変える」という意識を持つのがいちばんだということです。

「まさかうつ？」と思ったら「糖質制限」で心が落ち着く

精神的に不安定になり、気分が落ち込みがち、いつでも眠い、ちょっとしたことでイライラする……。これは誰にでもある症状かもしれません。

でもこれはうつではなく、代表的な**低血糖症の症状**です。

低血糖症は、精神科や心療内科の医師にあまり理解されていないため、病院に行くとうつに間違えられやすいのですが、実は**栄養トラブル**に原因があります。ちなみにうつとの大きな違いは、**甘い物や糖質への依存**にあります。

もしも次の症状をともなっていたら、それはうつではなく低血糖症かもしれません。

「うつかな？」と思ったら、まずは次の図のチェックをしてみてください。

血糖値が高くなる病気のことを糖尿病と言いますが、一方で**低血糖症は、血糖値がうまく上がらない、または乱高下するといった、血糖調節異常の状態**です。

血糖値が安定していれば、脳には十分なブドウ糖が供給され、精神も安定します。ところが低血糖症では常に血糖値が変化したり、低いまま推移するので、精神状態が不安定になりがちです。人によってあらわれ方はさまざまですが、低血糖症の人は1日を通して安定した血糖値をキープすることが難しいため、体や心にさまざまな症状が起こってきます。

低血糖症の原因は1つ。**「糖質過多の食生活」**です。

大切なのはいかに血糖値を安定した状態に保つかです。低血糖症を改善して心を取り戻すには、食事を見直すしかありません。クリニックにみえる患者さんにも、うつの症状を訴える方には、何より先に**糖質制限**に取り組んでいただいています。実際、**低糖質・高たんぱくの食生活に変えただけで、精神症状が落ち着いた方は少なくありません。**

低糖質・高たんぱくと言われてもピンとこない人は、**①主食を減らしておかずを増やす ②甘い物は少し我慢 ③ごはんやパンなどの糖質を食べるなら、食事の最後に少しだけ ④肉や卵などのたんぱく質を意識して食べる**の4つを押さえて食生活をやり直してみてください。症状が改善したら、うつではなく低血糖症だった可能性が高いでしょう。

低血糖症　チェックリスト

□ 甘いもの、スナック菓子、清涼飲料水を
ほぼ毎日とっている

□ 夕方に強い眠気を感じ、集中力が落ちる

□ イライラや不安な気持ちが、甘いものをとると
落ち着く

□ 空腹を感じると、甘いものやおやつを
食べることが多い

□ 夜中に目が覚めると、つい何かを食べてしまう

□ 頭痛や動悸、痺れが甘いものを食べて改善した
ことがある

□ 体重の増減が激しい

□ 最近太り始め、同時にやせにくくなってきた

※３項目以上当てはまった人は、低血糖症の可能性があります。

日本人の心に効く食事術

イライラしたら「甘いもの」より「肉」

「疲れたときやストレスを感じたとき、甘いものを食べるとホッとする」。

「イライラしたとき、無性に甘いものが食べたくなる」。

この「甘いものがたまらなくほしい！」と思う気持ちは、どこからくるのでしょうか。

日本にはスイーツ好きが多くいますが、私たちは甘いものを食べると、たしかにイライラが治まり、ホッとした気持ちになります。これは体の構造から考えると、正しい反応です。というのは、**私たちはやる気がなく、うつっぽい状態のときは、脳がセロトニンを増やそうと、糖質を欲しがるからです。**

甘いものをとると、血糖値が上がり、インスリンが分泌されます。

インスリンは血糖値を下げる働きの他、体のたんぱく質をつくる働きがあります。

たんぱく質の材料はアミノ酸ですから、インスリンがたんぱく質をつくることで、トリプトファン以外のアミノ酸が使われます。すると体の中は、トリプトファンの濃度が上がります。その結果、トリプトファンからセロトニンがつくられて、満足感が上がるのです。ただしこの満足感は瞬間的なもので、継続的にセロトニンがつくられるわけではありません。そうなると脳は「もっともっと！」となって、より甘いものを欲します。これでは血糖値の乱高下が激しくなり、精神状態に悪い影響が出てしまいます。

女性の場合、排卵期や生理前に甘いものが食べたくなったり過食をするとよく聞きます。その理由も、**排卵の前後や生理前にセロトニンが激減するため**です。セロトニンは、食欲のコントロールにもかかわっているため、つい食べ過ぎてしまうのです。

セロトニン不足で甘いものが欲しくなったら、セロトニン合成に必要な鉄分やビタミンB群を多く含む**赤身肉**などを食べておく必要があります。

あるいはどうしても甘いものをとりたいときは、先述した通り、**高級なアイスクリーム**や**チョコレート**をほんの少し食べると、血糖値が上がりにくく、脳が満足して、過食を避けやすくなります。

日本人の心に効く食事術

ダイエットでうつになる!? そんなときも「肉」「カツオ」

先述したように、私たちはセロトニンをつくって心を守るためには、その材料であるトリプトファンを積極的に取り入れる必要があります。

トリプトファンを多く含む食材は、**大豆製品**、**卵**などのたんぱく質のほか、**肉類**、**カツオ**、**マグロ**、**サンマ**などの赤身の魚、**ナッツ類**にも含まれます。

間違ったダイエットでたんぱく質をとらない食生活を続けている人が、抑うつ症状を訴えることは少なくありません。

やせてダイエットは成功したはずなのに、気分が落ち込んでふさぎこんでしまった。

そんな症状があるならば、それは男女を問わず、**トリプトファン不足に陥り、セロトニンが出なくなったことが原因**かもしれません。

気持ちがふさいだときおすすめのもの

赤身の魚

肉

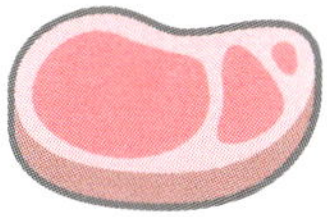

卵

大豆製品

ごはんやパン、麺のみなど、**糖質一辺倒の食生活を送っている人も、トリプトファン不足に陥りがち**です。

心の状態が悪いという人は、まずは自分の食生活を今一度振り返ってみることです。**食こそが心を健やかな状態に保ちます。**

どんなにやせたくても、どんなに忙しくても、きちんと栄養をとることが、毎日の生活を安定させ、幸福感を感じながら生活ができる基礎になります。

なお、トリプトファンは必須アミノ酸の1つで、どんどん消費されてしまいますから、これらは、積極的に毎日、摂取するよう心がけてください。

日本人の心に効く食事術

「頭痛」「肩こり」「疲労感」「イライラ」には「鉄」が効く

鉄不足は、精神・神経症状にまで及びます。

これは言ってみれば当然です。

なぜなら鉄分も、脳内神経伝達物質の合成に欠かせない栄養素だからです。鉄が関わっている脳内神経伝達物質には、ドーパミン、ノルアドレナリン、セロトニン、メラトニンがあります。鉄不足は、これらの物質の機能を低下させてしまうのです。

たとえば**「記憶力や集中力が落ちてきたな」**と感じるなら、記憶力や学習能力に関わっているノルアドレナリンやグルタミン酸が不足しているのかもしれません。**「イライラする」「うつっぽい症状がある」**という人は、セロトニンが不足している可能性があります。

心以外にも、**「最近、つまずきやすくなった」**と感じるなら、それは運動調節に関わっているドーパミンが不足しているのかもしれません。そしてこれらはすべて鉄不足にその原因があります。

鉄不足というと、いまだに「ほうれん草を食べるといい」と思っている人がいますが、鉄を効率的に補うなら断然、動物性食品で「ほうれん草より赤身肉」がおすすめです。

鉄には赤身肉やレバー、貝類、小魚などの動物性食品に含まれる「ヘム鉄」と、大豆、ほうれん草、小松菜などの植物性食品に含まれる「非ヘム鉄」の2種類があります。

ヘム鉄と非ヘム鉄の大きな違いはその吸収率にあります。**実は動物性食品からとる方が、吸収率が5倍程度も高いのです。**ちなみに動物性食品なら、**レバーよりも牛の赤身肉の方が含有量は多い**ので、レバーが苦手な人は、赤身肉を食べるようにしてください。

とくに日本女性に圧倒的に多いのがこの鉄不足です。

クリニックで血液検査を行うと、女性のほとんどが鉄不足と言っても過言ではありません。「職場の健康診断で、貧血と診断されたことはありません」という人でも、詳しく調べると鉄欠乏なのです。

女性には生理があるため、何もしなくても毎月鉄が失われます。

ですから食べ物をよほど意識していない限り、とくに女性は鉄不足に注意しましょう。

鉄欠乏　チェックリスト

- □ 炭水化物、加工食品をとることが多い
- □ 肩こり、関節痛、筋肉痛、頭痛がある
- □ 階段をのぼると疲れる
- □ 立ちくらみ、めまい、耳鳴りがする
- □ 夕方になると疲れてしまう
- □ ダイエット中である
- □ 赤身の肉はあまり食べない
- □ 生理の出血量が多い
- □ よくアザができる

※３つ以上当てはまれば、鉄不足が起きている可能性があります。

日本人の心に効く食事術

ニンニクは「心の不調」にも効果あり

鉄と並んで、現代人に不足しているのが**ビタミンB群**です。

ビタミンB群は、体内で必要な物質をつくったり、エネルギー源として使われますが、これがどれだけ使われるかは、生活習慣で変わります。

中でも大きな影響を与えるものが**ストレス**です。

先に、私たちはストレスを受けると、副腎がコルチゾールというストレス対抗ホルモンを分泌するとお話ししましたが、このコルチゾールが働く際に欠かせない栄養素が**ビタミンB6**です。

ストレスが多ければ多いほど、ビタミンB6は消費されてしまいます。

このビタミンB6は、鉄に匹敵するくらい脳内神経伝達物質を合成するためにも重要な栄養素です。

セロトニン、ドーパミン、GABAを合成するにも、ビタミンB_6が必要です。

ビタミンB_6不足があると、さまざまな**不定愁訴**も出てきます。

ビタミンB_6不足で問題なのが、GABAへの変換阻害によるGABA不足です。**GABAが不足すると、「ほっとできない」「なんだかそわそわする」「寝ても夢ばかり見る」「不安になる」といったことが増えてきます。**

ですから諸外国に比べてストレスを感じることが多い日本人こそ、ビタミンB_6を意識してとらなければなりません。

食事の際は、栄養素の大元であるたんぱく質のおかずに、ビタミンB_6をプラスして食べるのがおすすめです。というのはビタミンB_6は**ニンニク**や**唐辛子**、**焼きのり**や**ゴマ**など、**薬味的に使われる食材が多い**からです。

たとえば**ステーキ（たんぱく質）にニンニク（ビタミンB_6）**をプラスするのはどうでしょうか。鉄火巻きなら**マグロ（たんぱく質）とのり（ビタミンB_6）**が同時にとれますね。

ビタミンB群　不足チェックリスト

- □ アルコールをよく飲む
- □ 音に敏感だ
- □ 甘いものをよく食べる
- □ 動物性食品はあまり食べない
- □ 加工食品やインスタント食品をよく食べる
- □ よく悪夢を見る
- □ テレビがわずらわしい
- □ 頭を使う仕事をしている
- □ たばこを吸っている
- □ カフェインが含まれた飲み物をよく飲む
- □ 口内炎がよくできる

※3つ以上当てはまれば、ビタミンB群不足が起きている可能性があります。

日本人の心に効く食事術

「ベジタリアン」「マクロビオティック食」。ヘルシーな人ほどうつになる

動物性のたんぱく質を食べないベジタリアンや、マクロビオティック食など**野菜中心の食事で肉を食べない「ヘルシー」な人ほど、うつになる傾向がある**と言ったら驚かれるでしょうか。

もちろん特定の食事方法を否定するつもりはありません。こうした食事方法を実践され、エネルギッシュに活動されている方がいることも事実です。しかし栄養の面から見て、野菜ばかり食べるヘルシー志向の人ほど、**たんぱく質不足**に陥っています。

「野菜をたくさん食べて健康的な食生活を送りたい」。

この考え方は、もちろん間違っていません。

野菜にはさまざまなビタミンやミネラルが含まれるだけでなく、食物繊維が豊富に含ま

れるものや、**ファイトケミカル**と呼ばれる強い抗酸化作用を持つものもあります。

肉食をすすめると必ず、「野菜を食べないと栄養のバランスが崩れるのでは？」と言われることがありますが、逆を言えば**野菜だけで栄養バランスを整えるのも不可能**です。

肉はその見た目から、たんぱく質と脂質のみで構成されていると思う人も多くいますが、実は肉にはビタミンも豊富に含まれています。栄養バランスが整ったヘルシーな食事で、心を安定したいい状態で保ちたいなら、**肉からたんぱく質をしっかりとり、足りないビタミンや食物繊維を野菜で補う**と覚えておくといいでしょう。


「たんぱく質は肉の代わりに大豆や豆腐からとればいい」と言う人もいます。もちろん大豆製品のよさはありますが、たんぱく質の摂取という意味では、**植物性たんぱく質は動物性たんぱく質に劣ります。**

動物性たんぱく質には、体に必要な必須アミノ酸がバランスよく含まれているので、体に吸収されやすく、使われやすいというメリットもあります。

一方、植物性たんぱく質は、必須アミノ酸のバランスがいいとは言えません。ですから植物性たんぱく質だけ単独で摂取しても、たんぱく質の合成や代謝が低下してしまうことがあるのです。また動物性たんぱく質の中でも肉をおすすめしたいのは、ビタミンB群が豊富に含まれている点です。

ビタミンB群がメンタルに深く関わっていることは、すでにお話しした通りです。

肉に含まれるたんぱく質の代謝に必須のビタミンB_6やB_{12}、脳のエネルギーとなる糖の代謝に必須のビタミンB_1は、不足すればうつや情緒不安、不眠症などの精神症状と関連します。**肉断ちは心の力まで落としてしまうのです。**

ただ患者さんたちに、肉食が大切だとお伝えすると、**「肉を食べると胃がもたれてしまう」「肉をたくさん食べるのは難しい」**と言われることがよくあります。

でもその主な原因はただ1つ。**「普段から肉を食べないから」**です。

たんぱく質不足が続いている人が急に肉を食べても、消化酵素の材料不足で、上手に消化ができません。その場合は、最初、たくさん食べることが難しくても、少しずつ食べ続けることです。肉が苦手でも食べ続けると体が慣れ、消化できるようになるものです。

最初は食べやすくて消化しやすいひき肉や薄切り肉からトライしましょう。ハンバーグでも肉団子汁でも構いません。毎日食べることが大切なのです。

日本人の心に効く食事術

「美白」しすぎもうつになる

紫外線の害を気にする人は多いですが、常に日焼け止めクリームをしっかり塗ったり、帽子や日傘、長袖を着用したりして完璧に日差しをガードしていると、ビタミンDが不足してしまいます。

ビタミンDといえば、これまではカルシウムや骨の代謝に不可欠な栄養素として知られてきました。でも近年は、**免疫力の向上**や**アレルギー症状を改善する作用**があるなど、多くの効用があることが、さまざまな研究によって明らかになっています。

最近になって、うつなどのメンタル症状にも、ビタミンDが効果的であることがわかってきました。ビタミンDは、主に皮膚の表面にあるコレステロールが紫外線を浴びることでつくられます。ですから、**一切の日差しをシャットアウトするような生活を送ってい**

ると、ビタミンDをつくれなくなり、ビタミンD不足からメンタル不調になるのです。

さらに長い間、日光に当たらずに過ごしていると、ビタミンD不足が悪化して、うつ症状が出るなど精神が不安定になる可能性も出てきます。ですから**美白に取り組みたい女性も、せめて1日15分くらいは太陽の光を浴びるようにしてください。**

朝、窓を開けて太陽の日差しを浴びると、元気な気持ちになりますね。

実は**紫外線を浴びることが少なくなる冬に、うつ症状を訴える人がいる**のですが、そうした人もきちんと日差しを浴び、ビタミンDを摂取することで改善することがあります。

たとえば北欧は、冬の日照時間が短いことがよく知られています。**北欧の自殺率の高さは、この日照時間の短さが主な原因だと言われています。**

日本でも**冬季うつ**といって、日照時間が短い地域で**「人と会うのが面倒になる」「何をするにも億劫になる」**といった**抑うつ症状**が出る割合が高くなっています。原因は、日照時間が短いことによって脳内神経伝達物質のセロトニン、メラトニンが産生されにくくなるためだと言われていますが、それ以外にも、日照時間が短いことによるビタミンD不足も指摘されています。

ですからとくに冬のように日照時間が短い季節は、普段より長めに日光を浴びるといいでしょう。このときどうしても日焼けをしたくないというなら、ビタミンDを食品からとるようにしてください。天然のビタミンDを含む食品は非常に限られてはいますが、日本の食材でいえば**しらす干し**、**たたみいわし**、**鮭**や**キクラゲ**、**干ししいたけ**（天日干しのもの）などに多く含まれています。

日本人の成人（男女共）の1日のビタミンDの摂取目安量は5・5μg（国際基準の単位に直すと220IU）です。平成27年の国民健康・栄養調査によると、日本人のビタミンDの平均摂取量は7・5μg（300IU）なので、平均的な日本人は摂取の目安を満たしていることがわかります。ところが米国食品栄養委員会による1日当たりの平均推奨摂取量は、70歳までの成人では600IUと、**日本の倍**になっています。

日本人は欧米人に比べて、魚介類を多く食べる傾向があるため、一見するとビタミンD不足はないように思われます。しかし欧米と比較すると、日本にはビタミンD強化食品も少なく、サプリメントで摂取する習慣もありません。**総合的に見て、日本人はビタミンD不足**であることを意識するようにしてください。

日本人の心に効く食事術

瞑想前に「豚の生姜焼き」

最近、日本でも**マインドフルネス**が注目されています。これを**ストレス対策**として取り入れている企業も増えていますね。

マインドフルネスとは、「今この瞬間」の自分の体の状態や気持ちに意識を向けるように行う、**瞑想**に近いものです。続けると雑念にとらわれず、リラックスできて、ストレスが緩和されると言われています。

マインドフルネスを行うのももちろんいいのですが、その効果をさらに高めるためにクリニックでは、瞑想に取り組む直前にココナッツオイルなどの中鎖脂肪酸を摂取し、ビタミンB_6を補充することをおすすめしています。脳がケトン体をエネルギー源としているときには瞑想状態に入りやすく、さらにビタミンB_6の働きでGABAの分泌が増し、落ち着いて満たされた感覚を得やすくなるからです。**普段の食事で言えば加熱用のココナッツオイルを使って豚肉の生姜焼きをつくり、食事の後にマインドフルネスに取り組んでみることを提案します。**いつもより深い瞑想状態になるかもしれません。

私は患者さんがカウンセリングを受けるときにも、「カウンセリングの前にビタミンB群をとるといいですよ」とアドバイスしています。

うつなどの精神症状を訴える方の中には**「思うように考えがまとまらずうまく話せない」「言ったことをすぐ忘れてしまう」**など、認知機能の低下が見られることがあるからです。そこでカウンセリングを本当に効果的なものにするためにも、ビタミンB群の摂取が有効だというわけです。

ビタミンB_6をどうとるかについてですが、ビジネスパーソンなら、ランチは**ライスなしの肉料理**（とくに豚肉にはビタミンB群が豊富）などにしておき、お昼休みが終わる前に職場に戻り、マインドフルネスを行えば、午後からストレスフリーで仕事に取り組めるかもしれません。

日本人の心に効く食事術

「焼肉」「ステーキ」でうつ対策

コレステロール値は高いほうがいいと言いました。これは**精神状態にもかかわります。**

繰り返しになりますが、コレステロールは私たちの細胞を守る細胞膜やホルモンをつくる材料でもあり、神経細胞や脳細胞もコレステロールを多く含んでいます。

そのコレステロールの割合が低くなると、脳にも弊害が出てきます。

私たちの体にあるコレステロールの3分の1は脳にあります。

ですから脳に必要なコレステロールが低下すれば、脳の活動も低下します。

するとうつ病や、ひいては認知症が引き起こされることもわかってきました。

また、中高年の日本人の死因としても多い**「自殺」は、コレステロール値が低いほど増えることもわかっています。**

コレステロール降下薬を服用している人がうつになるという

ことを指摘している研究者もいます。

「それはコレステロールの低下が悪いのではなく、コレステロール降下薬が影響しているのではないか？」と思われるかもしれませんが、その後の論文で、コレステロール降下薬を服用しているかいないかにかかわらず、コレステロール値が低い人はうつや自殺の傾向が高いとわかりました。**つまり、薬が悪いのではなくて「コレステロール値が低いこと」、それ自体が自殺やうつのリスクファクターだったのです。**

50歳以上の男性約1000人を対象にした研究で、コレステロール値160mg／dℓ未満の低いグループと、160〜199mg／dℓの標準値のグループ、200〜240mg／dℓの境界グループ、241mg／dℓ以上の高いグループに分け、抑うつ度を比較すると、コレステロール値が低いグループは他の3つのグループに比べて、**かなりの差をもって抑うつ度が高い**ことがわかりました。そして**この傾向は、50歳代以降、80歳代まですべての年代で認められ、高い年齢ほどその差が大きいこともわかりました。**

とくに日本人は、「高コレステロール＝悪」と刷り込まれてきた年月が長く、いまだにコレステロールは悪者扱いです。しかし実際のところは、いくら日本人がコレステロール値が高いといっても、欧米に比べれば低すぎるくらいです。こういった事実から、2015年4月に、厚生労働省はようやくコレステロールの食事での摂取制限を撤廃しました。

先にうつの原因はセロトニン不足だとお話ししましたが、**コレステロールは、セロトニンを脳まで運搬するのに一役買っています。**だから、コレステロール低下はセロトニン不足につながり、うつになってしまうのです。

セロトニンはトリプトファンというアミノ酸を原料にしていましたね。このトリプトファンは肉などに多く含まれていました。肉にはコレステロールもたっぷりと含まれています。つまり、**うつ予防には、肉食がおすすめ**だということです。

「食べ物が体と心をつくっている」。

これは私がずっと言い続けてきたことです。

この章の最後に改めてお伝えしておきたいと思います。

心の変化は脳の変化であり、脳の栄養不足がうつを招くのです。

第5章

健康で長生きするための日本人の食事術

「平均寿命」は長いが「健康寿命」が短い日本人

平成25年の日本人男性の**平均寿命は80・21歳、女性は86・61歳**です。

それに対して**健康寿命は、男性が71・19歳、女性が74・21歳**です。

健康寿命とは、介護を必要とせず、自立して生活できる期間のことです。

つまり日本人は、健康寿命と平均寿命の差、男性では約9年、女性では約12年もの間、誰かの手を借りながら生きながらえているということです。

この期間を、少しでも短くしたいと思いませんか?

そして長い人生、できることなら人の手を借りずに元気に過ごしたいものです。

これを、体に入れる食べ物、栄養で実現しようというのが、私の考えです。

「寝たきりになりたくない」と誰もが思います。

日本人が寝たきりになる大きな原因は、ちょっとした段差につまずいて転び、骨折することによるものです。ちなみに年をとって足腰が弱まってしまうのは、動物性たんぱく質などの不足が関係していると考えられます。

「ボケたくない」。

これも多くの人が望むことです。ボケは血糖値を上げない生活、動物性たんぱく質をはじめ、ビタミンなど必要な栄養素をとること、さらにはＤＨＡやレシチンなど脳神経細胞特有の栄養の十分量の補充で、予防できます。

日本人の死因第１位のがんや、脳血管疾患さえ、今は食事で予防することができる時代になってきました。そこで最後の章となる本章では、**日本人が健康体で、認知症などもなく長生きするための食事術**を紹介していきます。

秋田県民が「長寿」になった理由

人間はいくつになっても、必要となるたんぱく質の量は同じです。厚生労働省が定める食事摂取基準によると、18歳から70歳の推定平均必要量は男性で50g、女性で40gで、これはどの世代も変わりません。つまり18歳の若者も、高齢者と呼ばれるようになってからも、私たちの体は死ぬまで同じ量のたんぱく質が必要だということです。

ですから年を重ねている人も、たんぱく質の摂取量を減らしてはいけません。

かつて秋田県大仙市は、長い間、平均寿命が全国でも最下位に近いグループでした。脳出血なども多く、なんとか長年の汚名を返上したい。そこで自治体が市をあげて、地域住民の食事指導に取り組みました。実際に行った食事指導は次の図の通りです。

これを14年間行った結果、秋田県大仙市の住民は血液中のアルブミン、つまりたんぱく質が増え、動脈硬化が減少、平均寿命が延び、全国平均に追いつきました。

秋田県大仙市の食事指導チェックシート

- 以下のシートで10個のうち食べたものにチェックする
- 1日10点満点を目指す（10日で100点でも可）
- 少量でも食べたらチェックする
- 毎日の食事を点数化する
- 毎日1枚のチェックシートを使用する

- □ 肉
- □ 魚（ふりかけでも可）
- □ 卵
- □ 乳製品
- □ 大豆
- □ 海藻（のり1枚でも可）
- □ イモ
- □ 果物
- □ 脂
- □ 緑黄色野菜

合計　　　　点

この食事指導が目指したのは「たんぱく質の摂取量を増やすこと」です。

もう一度10項目の食材を見てください。

上から5番めまでは、すべてたんぱく質です。しかも、**10項目の中には米やパン（小麦）などのいわゆる「主食」は入っていません。**つまり、主食がなくてもこの10項目を食べれば、おのずと高たんぱく、低糖質の食生活になるということです。

この食事指導では、男性は1日60g、女性は1日50gのたんぱく質の摂取ができます。これは牛肉ならおよそ300g、卵なら10個、魚の切り身なら3～4切れに相当します。

実際、住民のみなさんは、毎日10点満点が取れていたとは限りませんので、ここまでたくさんの量を摂取できていたかはわかりません。しかし積極的にとるように意識するだけで、体が大きく変わったのです。

この取り組みの素晴らしさはまず、**たんぱく質の摂取量を増やしたこと。**そして**いろいろなたんぱく質を偏らずにとったこと**です。

私も患者さんによく言っているのは、「食べるものを偏らせるのはダメだよ」ということです。同じたんぱく質でも肉、魚、卵、豆腐などを偏らずにとったり、同じ肉でも、毎日豚肉ではなく、牛肉、鶏肉など種類や部位を変えていくことが大切なのです。

日本人は「肉」を食べると長生きする

よく「日本人の腸は欧米人よりも長い」と言われます。その理由は「長い間、日本人は穀物を食べてきたから」と言われます。そしてこれが「(長い腸を持つ)日本人は、肉を消化しにくく、日本人に肉食は合っていない」と言われる根拠になることが多くあります。

しかし結論から言いましょう。日本人の腸は長くありません。腸の長さに人種による差はありません。ですからもちろん**日本人も、肉をちゃんと消化できます。**

そして日本人は、長い間穀物を食べてきた人種でもありません。

穀物を食べるようになったのは、長い歴史の中で見れば、ごく最近のことなのです。

つまり日本人にとって、肉を食べないことによる弊害はあるものの、肉をとることによる害は基本的にありません。むしろ良質なたんぱく質、コレステロールをとることは、長生きの秘訣なのです。

また、**コレステロールは悪者ではない**と、本書では繰り返しお伝えしてきました。

しかし「そうは言っても悪玉コレステロールは体に良くないだろう」という考えはいまだ強く定着しています。

善玉と言われているのはHDLコレステロール、悪玉と言われているのはLDLコレステロールです。**善玉と悪玉の違いはそれぞれの役割の違い**で、肝臓で生成されたコレステロールを、末梢組織に運ぶ運び屋の役割をしているのが**「悪玉コレステロール」**。これは性ホルモンの材料や、細胞膜を構成するなど、重要な役割を担っており、決して悪さをするものではありません。一方、末梢組織で使い終わったコレステロールを、肝臓に戻す回収屋の役割をしているのが**「善玉コレステロール」**。これも私たちの体にとってとても重要なものです。一方、本当に悪玉なのは、〝酸化した〟LDLコレステロールです。免疫細胞はこれを異物と認識し、排除するためにプラークと呼ばれるコブをつくります。これが動脈硬化の原因となるわけです。つまり、〝酸化していない〟LDLコレステロールは悪玉ではないのです。

次のグラフは日本人のコレステロール値とがん死亡の相対危険度を示したものです。

コレステロール値が高ければ高いほど、がんで亡くなる人が減っていることがわかりま

日本人のコレステロール値と死亡の危機（がん死亡、大阪、八尾市、内藤ら）

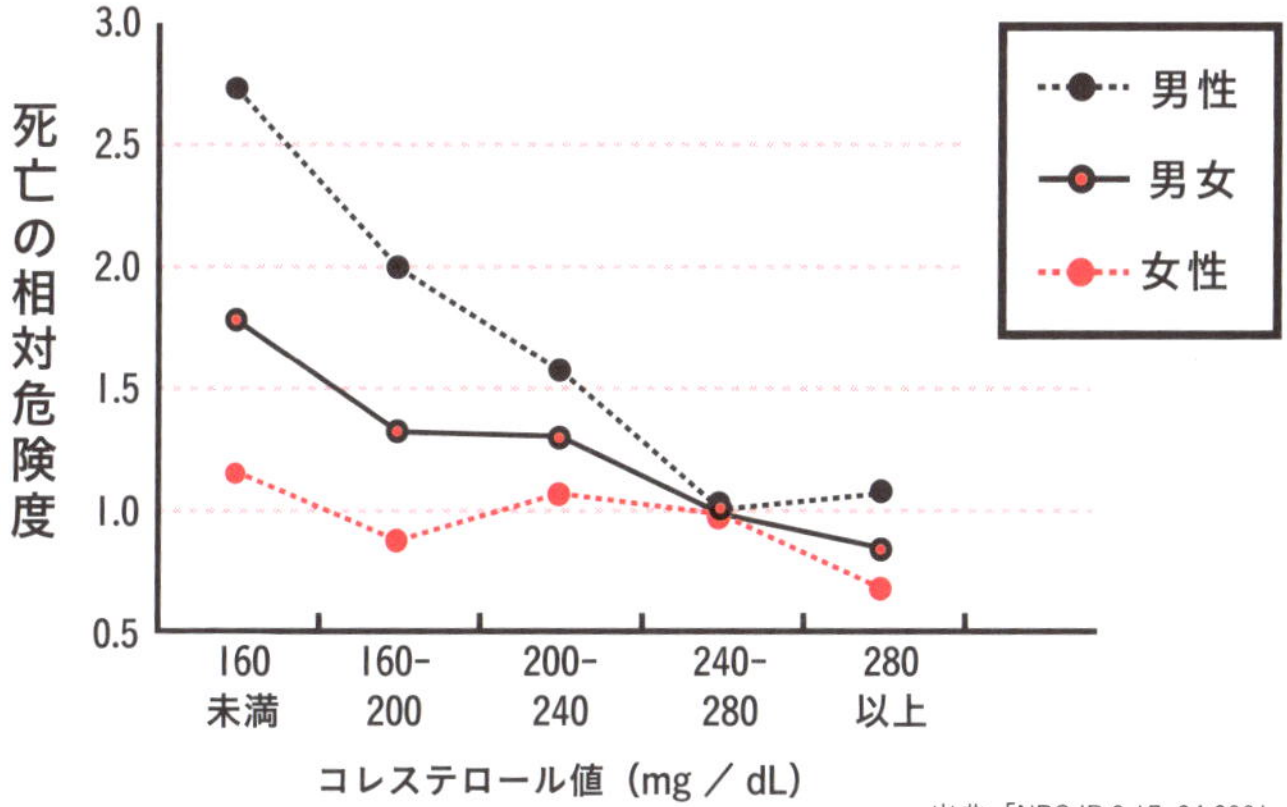

出典「NPOJP,2:17-24.2001」

す。

かつて日本人に脳出血が多かったのも、肉をあまり食べなかったためにコレステロール値が低く、血管がもろくなり、破れたことが原因でした。

「でも食べ物からコレステロールをとったとき、とりすぎにはならないの？」という質問を受けることもあります。しかしコレステロールは肝臓で合成される割合が7〜8割と高く、食事からとる割合は2〜3割に過ぎません。また、食事でコレステロールをたくさんとっても、体内でその合成量を減らして調整します。多すぎればそのまま排泄し、少なければ、肝臓での合成量を増やします。ですから**食事によるとり過ぎはない**のです。

日本人はもともと心筋梗塞による死亡がとても少ないのですが、コレステロール値が低くても心筋梗塞を起こすことが知られています。ですからメタボ健診でも、その基準にコレステロール値は含まれません。**つまり糖尿病、高血圧などを予防し、将来的な心筋梗塞を防ぐ基準においても、コレステロール値は関係ないことが知られているのです。**それでも「コレステロールはできるだけ低い方が良い」と多くの医者が言い、マスコミも同様の情報を流し続けるのはなぜなのか不思議です（一部の家族性脂質異常症や、レスポンダーと言われる食事中のコレステロールが直接血液中の濃度へ影響する場合には摂取量を調整する必要があります）。

「ベジタリアン」は「重い貧血」や「認知症」になりやすい

ビタミンB12は、ほぼ動物性たんぱく質にしか含まれない栄養素です。ですからベジタリアン（とくにヴィーガン）のビタミンB12不足は深刻で、不足するとアミノ酸の代謝障害が起こり、第4章でお伝えしたように**うつ**になったり、巨赤芽球性貧血という**特殊で難治性の貧血**が起こる可能性が出てきます。

また、認知症の日本人の脳内のビタミンB12の量を調べてみたところ、前頭葉、側頭葉どちらも、通常の人の半分以下ということがわかっています。

ビタミンB12は、牛レバーに最も多く含まれますが、レバーが苦手な人は、赤身肉でも大丈夫です。そしてこのビタミンB12は、このあとお話しする**葉酸**とセットで摂取すると、体の中で効率よく働きます。たとえば**お肉を食べるとき、一緒に葉酸を多く含む葉物野菜を一緒にとるようにすると、認知症を防げます。**

「ごはん・パン・麺」は早死にのもと！

本当の悪玉コレステロールは、酸化したＬＤＬコレステロールだと言いました。

ＬＤＬコレステロールは、全体量が増えると酸化しやすくなります。

では、ＬＤＬコレステロールはどんなときに増えやすいかというと、**血液中に糖が多い高血糖のとき**です。

日本人は体質的に糖尿病になりやすいと言われています。そして糖尿病の患者さんは動脈硬化も引き起こしやすくなります。これは元を正せば高血糖だからです。ですから糖尿病の方は、糖質が多い食事をできるだけ避ける必要があります。

そして、誤解を恐れずにはっきり言いましょう。

「糖質」をとりすぎると寿命が短くなります！

糖質をとると、血糖値を下げるためにインスリンが分泌されます。インスリンは血糖値を下げると同時に脂肪を合成したり、たんぱく質を合成したりします。つまり、インスリンは本来、いろいろなものを「合成する」ホルモンなのです。

成長期なら、インスリンが分泌されることは都合がいいこともあります。食べたものからどんどんたんぱく質が合成されたり、脂肪が合成されたりすることで身体を大きくすることができるからです。ところが成長期が終わって成熟期になると、基本的に**インスリンは〝分泌されないほうがいいホルモン〟となります。**なぜならインスリンがあると、古くなったものを壊せなくなるからです。

先にオートファジーについて説明しましたが、私たち人間は、古くなった老いぼれの物質を壊して、それを再利用するシステムがあります。つまり、いい状態を保つために、機能が落ちたものを壊し、新しいものに置き換えることをしています。

しかしインスリンがあると、この〝壊す〟作業ができなくなってしまうのです。ですから、**長生きをしたければ、年長者はなるべくインスリンを出さないようにするために糖質（とくに日本人は主食である米やパン、麺などの小麦）を避けるべきなのです。**

糖質制限は「認知症」「生活習慣病」予防にも効く

認知症にはいくつか種類があります。

中でも大きな割合を占めるのが、**アルツハイマー型認知症**と**脳血管性認知症**です。

アルツハイマー型認知症は、簡単に言えば、脳から排出されるはずのアミロイドβというたんぱく質が神経細胞に蓄積し、そこに老人斑と呼ばれるシミができ、神経細胞の機能が失われ、脳が萎縮することで発症します。

一方、脳血管性認知症は、脳梗塞や脳出血など、脳の血管が詰まったり出血を起こしたりすることで神経細胞がダメージを受けることで起きます。

それぞれの原因、性質は違っても、共通していることがあります。

それは糖尿病になるとその発症リスクが上がるということです。

血糖値が高いほど、そして糖尿病の期間が長ければ長いほど、認知症を発症するリスク

が上がるのです。つまり、低糖質で血糖値を安定させることが認知症を防ぐ〝基本のき〟だということです。

糖質過多の食生活を続けると、体内で糖化が促進され、血糖値が高くなって認知症のリスクが上がるならば、やはりここでも取り組むべきは「低糖質・高たんぱく」な食事です。

たんぱく質は糖質と比べて、食べた後の血糖値の上昇が緩やかです。繰り返しになりますが、食事のときは**「肉（たんぱく質）ファースト」**を心がけるだけで、血糖値の急上昇を防げます。

ちなみに脳血管性認知症は、糖尿病以外にも、**高血圧**、**脂質異常症**、**肥満**などのいわゆる**生活習慣病で発症リスクが上がる**ことがわかっています。血圧が高い人は動脈硬化が進行しやすくなります。動脈硬化が脳の血管で起これば、脳梗塞や脳出血の引き金にもなります。**ですから年をとるにつれて太ってきた人は、ダイエットが必要です。**

そして肥満を防ぐためにも、糖質制限は有効になります。

日本人が長生きする食事術

「イワシ」「アジ」「サンマ」で認知症を防ぐ

青魚に多く含まれる魚油でおなじみのＤＨＡは、脳の発達や脳機能の維持にもよく、加齢によって弱くなる大脳皮質の神経細胞を強化することで、**ボケを防止してくれます。**

アルツハイマー病で死亡した人（平均年齢80歳）と、他の疾患で死亡した人（平均年齢79歳）の脳のリン脂質中のＤＨＡを比較した海外の報告があります。リン脂質とは、脳の活動に必要な栄養素で、不足すると**記憶力**や**判断力**が低下する原因になります。

さて、その結果は、**脳の各部位、とくに記憶に関わっていると言われている「海馬」においで、アルツハイマー病の人では、ＤＨＡが半分以下に減少していました。**

日本でも、脳血管性認知症の13例に、１日あたり７００〜１４００mgのＤＨＡを６カ月間投与するという実験を行ったことがありました。その結果、13例のうちの10例に改善が見られました。具体的には、**意思の伝達、意欲や発動性の向上、せん妄（意識混濁に加えて幻覚や錯覚などが見られる状態）、徘徊、うつ状態、歩行障害が改善**したのです。

その他にも、魚を頻繁に食べていた人ほど、アルツハイマー型認知症の発症率が低いという報告もあります。

日本では、65歳以上の4人に1人が認知症とその予備軍と言われています。

認知症の患者数は増える一方で、一向に減る気配はありません。もはや認知症は他人事ではなく「隣の人を見れば認知症」という事態も遠い将来のことではありません。

ですが日本人は魚好きで知られています。

ですから日々の食卓で、ぜひ**イワシ**や**アジ**、**サンマ**などの青魚をとり、その魚油からDHAを積極的にとるようにしてください。

日本人が長生きする食事術

「モロヘイヤ」で認知症を予防する

ビタミンB群の1つに葉酸があります。

葉酸は、妊娠を望む女性や妊婦さんがとるビタミンとして一般によく知られていますが、妊娠を望む女性だけのものではありません。**男女とも40代、50代のうちから葉酸をとっておかないと、認知症のリスクが上がってしまうのです。**

日本人は葉酸不足です。

「野菜は食べているし、葉酸不足だとは思えない」と言う人もいるかもしれませんが、たんぱく質同様、**野菜も加熱調理することで葉酸の多くが失われてしまいます。**しかも、ここ十数年の日本人の葉酸摂取量は緩やかに減っています。

驚くべきはアメリカとの摂取量の差です。アメリカが400μgであるのに対し、日本はその半分近くの240㎍なのです。ちなみに、アメリカの基準が特別に高いわけではありません。WHO（世界保健機関）やFAO（国際連合食糧農業機関）でも400㎍が基準なので、日本が低すぎると言わざるを得ないでしょう。

葉酸が不足すると、たんぱく質の代謝物質であるホモシステインの血中濃度が高くなります。すると、**認知症**だけでなく、**動脈硬化**のリスクも上げてしまいます。

ホモシステインの血中濃度を低くするために必要なのは、**「認知症予防トリオ」**である、**葉酸**と**ビタミンB6**、**ビタミンB12**です。これはどれが欠けてもうまく機能できません。

葉酸はその名の通り葉物野菜（とくに**モロヘイヤ**に多い）の他、**ブロッコリー**、**豆類**、**海藻類**などに多く含まれます。そして実は最も含有量が多いのは鶏のレバーです。

基本的に葉酸は、水溶性ビタミンでもあり熱に弱い性質を持っています。

ですから葉物野菜はたっぷりのお湯で茹でるとせっかくの葉酸を減らしてしまいます。

そこで葉物野菜から葉酸をとるなら、生で食べるか、蒸すか、短時間でサッと炒める、あるいはスープにして煮汁ごと飲んでしまうのがおすすめです。

日本人が長生きする食事術

「がん」を防ぎたければおかずをしっかり食べる

日本人の死因のトップは「がん」です。

日本人の2人に1人は、生涯で一度はがんを発症するという統計もあります。

がん細胞は、分裂を繰り返すことで増殖します。これに必要なエネルギー源は、血液中のブドウ糖です。がん細胞が体に存在しているだけで、大量のブドウ糖が血液中から消費されることもわかっています。ですから**がんが好きなブドウ糖を使えなくすること、つまり糖質の多い食事を控えることで、がん細胞の増殖を抑えることができるのです。**

先に糖尿病の患者さんは認知症のリスクが高いとお話ししましたが、実は**がんリスク**も高く、これは糖尿病から心筋梗塞を起こす場合の3倍以上になっています。その理由は、血糖値が高いことだけではなく、血液中のインスリン濃度が高いことも挙げられます。

実はインスリンによってがんを促進してしまうこともわかってきています。インスリンがほとんど分泌されない1型糖尿病ではそれほどがん患者は増えていないのに、生活習慣などで発症する2型糖尿病ではがんになる方が多いのです。その理由は、2型糖尿病ではインスリン抵抗性（インスリンが分泌されていても効きにくくなる）ができ、インスリン分泌が多い時間が長くなるからではないかと言われています。

成長期が終わり、成熟期を迎えた年齢であれば、インスリンの分泌をなるべく最小限にとどめておくことががんの抑制につながり、ひいては健康長寿につながりましたね。そこで血糖値を安定させる、つまりインスリン濃度を上げないためには、**「おかずでお腹をいっぱいにする」**ことを心がけるといいでしょう。

また第2章で説明したように、**ケトジェニック体にしておくと、血糖値が安定します。**上手に糖質制限ができていると、糖質をエネルギーにする必要がなくなるため、脂肪をエネルギーとするよう体のしくみが変わっていきます。つまり、エネルギーとしてのブドウ糖を〝足りない〟状態にしておけば、ケトン体をエネルギーとして利用できる体になり、がんを防ぎやすくなるのです。

日本人が長生きする食事術

「いれたての緑茶」は日本人の万能薬

「健康寿命」を都道府県別で見ると、**静岡県は女性は第1位、男性は第2位**という高さにあります。また次の図は、厚生労働省が発表した、がん標準化死亡比ですが、こちらも男性女性とも第1位は静岡県掛川市です。この結果が示すのは、静岡県は介護などの支援を受けず、元気に生きる寿命が長く、また、がんで亡くなる比率が少ないということです。

これはどういうことでしょうか。

静岡県は、言わずと知れたお茶の産地であり、その生産量は全国一です。

私は以前、静岡県島田市に講演に行ったことがありますが、講演会場では、大きなやかんに美味しいお茶が入っていて、誰でも飲めるようになっていました。

掛川市の人も、3食必ずお茶を飲むのが当たり前のようです。

がん標準化死亡比（人口10万人以上の市区）

順位	男性 地域		値	女性 地域		値
1	静岡県	掛川市	77.3	静岡県	掛川市	79.0
2	東京都	杉並区	77.8	岩手県	花巻市	81.3
3	長野県	飯田市	79.2	長野県	飯田市	83.9
4	長野県	松本市	82.3	静岡県	磐田市	85.6
5	静岡県	藤枝市	82.4	静岡県	浜松市	85.6
6	沖縄県	浦添市	83.5	滋賀県	東近江市	86.5
7	静岡県	磐田市	85.1	愛媛県	西条市	86.9
8	静岡県	浜松市	85.1	広島県	廿日市市	88.0
9	東京都	目黒区	86.4	香川県	丸亀市	88.3
10	千葉県	我孫子市	86.5	山口県	山口市	88.5

（厚生労働省　H20-24 人口動態保健所・市区町村別統計第５表）

聞いたところによると、静岡県の小中学校では、蛇口からお茶が出る学校もあるといいます。静岡県では子どもからお年寄りまでがよく緑茶を飲んでいるのです。

がんの抑制や健康寿命に、緑茶が大きく関わっていることはまず間違いないでしょう。

緑茶の効果は、主にカテキンによるものです。

カテキンはポリフェノールの一種で、**がん抑制効果**、**抗酸化作用**、**糖尿病**をはじめとした**生活習慣病予防**、**脳血管障害予防**、**脳機能維持**、**アレルギー予防**などの作用があります。

緑茶ならペットボトルで手軽に飲めるものがたくさん市販されていますが、一般的な緑茶飲料は殺菌のため高温加熱処理を行い、カテキンの効果が減弱してしまっています。そこで緑茶カテキンの効果を十分に得るためには、自宅で80度以上の熱めのお湯でゆっくりと抽出するのがおすすめです。

また緑茶カテキンは、血流を増やし深部体温を下げる働きがあることも知られています。つまり**熱中症予防**として最適な飲み物になります。かつダイエットの項で説明した褐色脂肪細胞の働きを増強させ、**体脂肪を燃焼させるので、ダイエットにも効果が期待**できる他、うまみ成分である「テアニン」により、リラックス効果、ストレス回復効果も期待できる、日本人にとってまさに万能薬です。

日本人が長生きする食事術

「冷奴＋かつお節」「納豆＋卵」でロコモ予防

ロコモティブシンドローム（通称ロコモ）は、運動器症候群のことで、骨や関節、筋肉などの運動器が衰えることから、歩行や立ち座りなど、日常生活に支障をきたしている状態をいいます。これを放っておくと寝たきりや介護が必要になるリスクが高くなります。健康寿命を延ばし、いつまでも自立した生活を送るためには、運動器の障害を防ぎ、ロコモを防止する必要があります。

要介護や寝たきりは、本人だけでなく、家族など周囲の人を巻き込む問題になります。自分自身のためにも、家族のためにも、運動器の健康を維持することが大切です。

今現在、何も症状がない、「まだ自分は若い」と思っている40代の人たちも、立派なロコモ予備軍です。今のうちから、ロコモ予防を心がけなければなりません。健康でいるための勝敗を分けるのは、運動機能の維持であることは、火を見るよりも明らかです。予防に最も大切なのは、**「筋力の低下を防ぐ」**ことです。なぜなら普通に歩くことさえできていれば、多少認知症の症状があっても、介護は必要ないからです。

筋肉量を落とさないためには、何と言ってもたんぱく質、そしてビタミンD3です。そして運動機能を上げる食べ方は、**動物性たんぱく質と植物性たんぱく質を組み合わせてとる**ことです。こうすることで、植物性たんぱく質の利用効率を高めることができます。

動物性たんぱく質と植物性たんぱく質を上手に組み合わせてとるには、

- **冷奴にかつお節をかける**
- **納豆に卵を合わせる**
- **納豆にしらすを合わせる**

など、日本人になじみの深い、シンプルな食べ方がおすすめです。

私もよく、納豆にかつお節をふりかけて、そのまま食べています。シャリシャリとした食感がとても美味しいのです。もちろんごはん（お米）は食べません。

余暇活動・創作などの能力低下の相対危険率

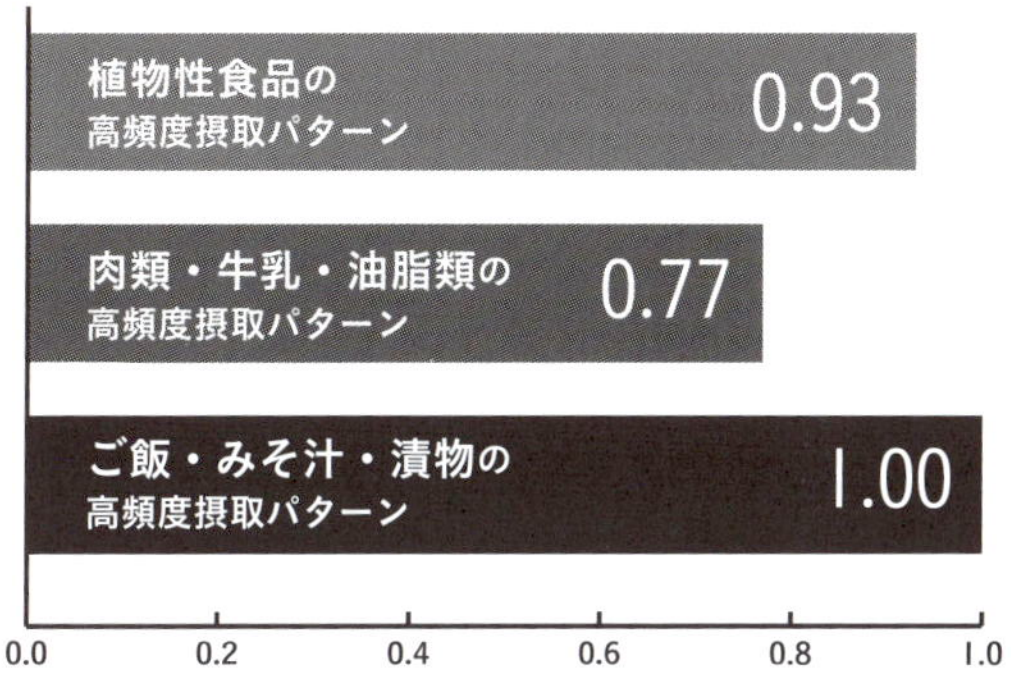

高次生活機能「知的能動性」の変化と食品摂取頻度パターンの関連
調整変数：性、年齢、学歴、ベースラインの「知的能動性」得点
（熊谷修、ほか、老年社会科学　1995：16：146–55）

上のグラフを見てください。これは摂取する食品別の、余暇活動・創作などの能力低下の相対危険度を表しています。

最も危険度が低いのは、肉類・牛乳・油脂類などの動物性たんぱく質や油を高頻度にとったグループでした。一方、植物性食品を高頻度に摂取したグループや、ごはん・味噌汁・漬物など典型的な和食を高頻度に摂取したグループの方が危険度が高いことがわかります。つまり植物性のたんぱく質の場合には、少量でも動物性たんぱく質を組み合わせ、植物性たんぱく質の弱点をカバーすることがポイントになるのです。

日本人が長生きする食事術

長野県民の健康は「野沢菜漬け」にある

先にお話しした通り、日本人は腸が長いと言われているのは誤解です。

ただし「腸内細菌の種類」については欧米人と異なります。

私たちの腸内細菌は、母親から子どもに受け継がれます。最近まで赤ちゃんは子宮内にいるとき、無菌状態であると考えられていました。しかし実は子宮内にも羊水中に細菌があることがわかりました。つまり赤ちゃんは、お母さんのお腹の中で羊水を飲み込むことで、お母さん由来の細菌を腸内に取り込んでいることがわかったのです。さらには子宮から産道を経て誕生するとき、お母さんの膣にある細菌に暴露されてこの世に誕生することから、子どもの腸内細菌はお母さん由来になると考えられています。

腸内細菌は食べ物や生活習慣に左右されるため、自ずと住んでいる国や場所、食べているものにより、人種差があります。

近年、腸内細菌には大きく分けて、3つのタイプがあることがわかっています。

1つが**プレボテラタイプ**。小麦、トウモロコシを食べる習慣の国々がこれに当たります。中南米や東南アジアの人はこのタイプです。

2つ目が**バクテロイデスタイプ**。肉食中心の国々の人に多く、欧米人、中国人はこれに当たります。

最後が**ルミノコッカスタイプ**。中間的な食事をする国の人に多く、日本人やスウェーデン人などがそうです。

ただしこれはあくまでも大きく人種で分けるとこうなるということに過ぎず、実はこれを分ける最も大きな要因は、**抗生物質を摂取した頻度やその種類**によると言われます。

小さい頃から「中耳炎になった」「風邪をひいた」と言えばなんでも抗生物質を出す医師にかかってきた人は、腸内細菌の構成が大きく変わっています。抗生物質を頻繁に摂取すると、腸内細菌の悪玉菌はもちろん、善玉菌も殺してしまいます。これが腸内環境を悪化させる引き金になっているのです。

病気の中には抗生物質で救われるものがあることもたしかです。ただ、処方する必要がないのにむやみに処方されたり、それを何も考えずに服用するのは考えものです。

ただし腸内細菌は、一度崩れてしまっても、食生活を変えれば改善します。

このとき日本人は、日本になじみが深い食べ物を口にするのが効果的です。たとえば第1章でもお話しした通り、日本人である私たちには、**ヨーグルトよりも漬物や味噌、納豆**などの発酵食品からとれる乳酸菌が合っている傾向があります。

また都道府県の話になりますが、長野県は65歳以上の高齢者の医療費が44位と低く、病院数も33位と少なくなっています。これは一見すると医療環境が悪いように見えますが、逆です。長野県は元気な方が多く、病院も医療費も少なくていいのです。

長野県は65歳以上の方が働いている率も高く、野菜の摂取量も第1位です。

長野県の人たちは、野菜からビタミン・ミネラルというよりも、食物繊維を摂取していることが、長寿につながっていると私は考えています。食物繊維をとることで、腸の状態がいいのでしょう。長野県といえば、**野沢菜**などの漬物で有名です。私は発酵食品を積極的にとっていることも、腸内環境が改善し、健康につながっている一因だと考えています。

日本人が長生きする食事術

「糖質制限」で歯周病を治せば長生きできる

前項でもお話ししたように、**腸内環境がいいことが、長寿に直結します。**

そして腸を語るときに忘れてはならないのが、実は**口腔対策**です。

私たちは普段、口腔にある細菌を飲み込んでいますね。

ですから口腔内の環境が悪ければ、腸内環境は決してよくならないのです。

歯周病があると糖尿病を招くのはよく知られた話です。

実際、糖尿病の人に歯肉炎や歯周炎にかかっている人が多いこともよく知られています。

歯周病は、「歯周病菌」という細菌の感染によって起こる炎症性の疾患です。この歯周病菌がインスリンの働きを妨げるために、血糖コントロールがうまくできなくなるのです。

ですから、血糖値が下がりにくい状態になり高血糖が続き、糖尿病になってしまうのです。

歯周病が招くのは糖尿病だけでなく、心筋梗塞や動脈硬化も増やすことがわかっています。血管内にプラークができて血管が狭くなったり、血栓の要因になったりするのです。

口腔内の悪玉菌は糖や鉄分が大好きです。ですから、口内炎や歯周病がある状態でブラッシングして歯茎から出血をすると、出血による鉄分の流出で口腔内の悪玉菌を元気にしてしまいます。ですからこうした病気を防ぐには、まずは歯茎から出血させないことが大切です（ちなみに腸内の悪玉菌も、糖と鉄分が大好きです）。

歯周病はブラッシングが不十分であることに加え、糖質を摂取することで歯垢をつくり出してしまうことがその原因です。

ですから**糖質制限をすると、歯周病が治る**ことが非常に多いのです。甘いものを制限すれば歯周病や虫歯予防になるのは、当然といえば当然ですよね。

ちなみに甘さを感じることも、口腔内の細菌バランスを乱す原因であることがわかりました。甘さ刺激が口腔内における抗菌たんぱく質の合成を阻害するため、悪玉菌が増え、歯周病が治りにくくなるのです。

一方、苦み刺激は口腔内の抗菌たんぱく質の合成を促進することがわかっています。**つまり甘いものを食べた後には、苦み成分を使うことがコツだということです。**

たとえば**食後の緑茶**は、ほっと一息つくためだけでなく、口内の環境を整えるためにもおすすめです。和菓子に緑茶やお抹茶、ケーキにコーヒーや紅茶なども、理にかなった組み合わせだということです。

ちなみに私がよくやっているのは**オイルプリング**。

オイルで口をすすぐ健康法です。食後にココナッツオイルを口に含んで口の中でクチュクチュと動かし、吐き出します。ココナッツオイルに含まれるカプリル酸、カプリン酸、ラウリン酸は抗菌作用が強く、口内の細菌を引っ張り出してくれるのです。

オイルで口をすすぐと言うと、ネバネバして気持ち悪いのではないか？　と思われるかもしれませんが、意外や意外、とてもさっぱりします。

日本人が歯を失う原因は歯周病と虫歯であり、年を重ねるにつれて歯周病が増えると言われています。先進国の中でも歯周病が多いと言われる日本人。歯の健康だけでなく、健康で長生きするためにも歯のケアを怠らないようにしましょう。

●図解でわかる最新栄養医学 「うつ」は食べ物が原因だった! - 溝口 徹　青春出版社

●HIGASHI-OKAI Kiyoka　et.al. Antioxidant and Prooxidant Activities of B Group Vitamins in Lipid Peroxidation . Journal of UOEH 28(4), 359-368, 2006-12-01

●花粉症は1週間で治る！ - 溝口 徹　さくら舎

●Morgan, RE . et al. Plasma cholesterol and depressive symptoms in older men.Lancet 1993;341.75-79

●Lowering cholesterol concentrations and mortality; a quantitative review of primary prevention trials. British Medical Journal 301, 309-314,1990

第五章

●厚生労働省ホームページ　統計情報

●静岡県掛川市ホームページ　掛川スタディ

参考文献

第一章

- Nature Volume: 514, Pages:181-186
- 「肥満研究」Vol. 12 No. 3 2006〈トピックス〉伊達　紫，ほか
- 2週間で体が変わるグルテンフリー（小麦抜き）健康法，溝口徹：青春出版社2016/2
- 全ゲノムシークエンス解析で日本人の適応進化を解明―アルコール・栄養代謝に関わる遺伝的変異が適応進化の対象―：

  ▷https://www.amed.go.jp/news/release_20180424-02.html
- Pavlov ME, Hanson RL et al , Diabetes Care 2007; 30: 1758-1763.
- The Lancet online , Diabetes & Endocrinology 2013年11月12日号

第二章

- Yamakawa M, et al. "Serotonin transporter polymorphisms affect human blood glucose control" Biochem Biophys Res Commun. 334(4), 2005, 1165-71
- シリコンバレー式 自分を変える最強の食事 デイブ・アスプリー著　ダイヤモンド社　2015/9
- Omote H, et al, Vesicular neurotransmitter transporter: bioenergetics and regulation of glutamate transport. Biochemistry. 2011 Jun 28;50(25):5558-65.

第三章

- 公益財団法人長寿科学振興財団ホームページ
- 「加齢とDHEA」　大中佳三　高柳涼一　最新医学　2014年5月号

第四章

- Yamakawa M. et al. "Serotonin transporter polymorphisms affect human blood glucose control" Biochem Biophys Res Commun. 334(4), 2005, 1165-71

著者 溝口 徹（みぞぐちとおる）

1964年神奈川県生まれ。福島県立医科大学卒業。
横浜市立大学病院、国立循環器病センターを経て、
1996年、出身地の神奈川県藤沢市に溝口クリニック（現・辻堂クリニック）を開院。
2003年、新宿に日本初の栄養療法専門クリニックである
新宿溝口クリニックを開院。
オーソモレキュラー療法などに基づいて構築した「トータル栄養アプローチ」によって、
精神疾患、がんをはじめとする多くの疾患の治療にあたるとともに、
患者や医師向けの講演会、勉強会も頻繁に行なっている。
著書に『「うつ」は食べ物が原因だった!』
『「血糖値スパイク」が心の不調を引き起こす』
『アレルギーは「砂糖」をやめればよくなる!』（以上、青春出版社）、
『がんになったら肉を食べなさい』（PHP研究所）、『花粉症は1週間で治る!』（さくら舎）、
『この食事で自律神経は整う』（フォレスト出版）、『最強の栄養療法「オーソモレキュラー」入門』（光文社）など多数。

医者が教える日本人に効く食事術

2018年10月23日　初版第1刷発行

著　者	溝口徹
発行者	小川淳
発行所	SBクリエイティブ株式会社 〒106-0032　東京都港区六本木2-4-5 電話　03-5549-1201（営業部）
装　幀	小口翔平+山之口正和（tobufune）
本文デザイン	荒井雅美（トモエキコウ）
図版作成	荒井美樹
DTP	アーティザンカンパニー株式会社
印刷・製本	中央精版印刷株式会社
編集担当	石塚理恵子 協力：樋口由夏

落丁本、乱丁本は小社営業部にてお取り替えいたします。定価はカバーに記載されております。本書の内容に関するご質問等は、小社学芸書籍編集部まで必ず書面にてご連絡いただきますようお願いいたします。
 ISBN 978-4-7973-9723-9